Energías Renovables.
Una inmersión rápida

Una inmersión rápida es una colección dirigida por Ferran Requejo, catedrático de ciencia política en la Universidad Pompeu Fabra.

El estilo de la colección combina rigor y divulgación. Está orientada a todas aquellas personas que deseen introducirse o profundizar en temas actuales sobre ciencia, filosofía, humanidades y ciencias políticas y sociales.

Manel Torrent

ENERGÍAS RENOVABLES
Una inmersión rápida

Tibidabo Ediciones
Barcelona

Tibidabo Ediciones, SA – Tibidabo Publishing, Inc. Barcelona – New York

Tibidabo Ediciones, SA cuenta con oficina en Barcelona y en Nueva York a través de Tibidabo Publishing, Inc. En el mercado de habla castellana publica principalmente la colección *Una Inmersión Rápida* y en el mercado de habla inglesa *A Quick Immersion Series*. También publica otras colecciones como *Actualidad* o *Topical Current Affairs Books*.

La colección *Una Inmersión Rápida* ganó el Premio LAUS 2020 de Bronce al diseño de cubiertas de libro o revista.

Energías renovables. Una inmersión rápida
© Manel Torrent

Publicado por Tibidabo Ediciones, SA, Barcelona
© 2024

Derechos exclusivos de edición:
© Tibidabo Ediciones, SA
Calle Muntaner, 479
08021 Barcelona
Teléfono: +34 932 126 946
Correo electrónico: tibidabo@tibidaboediciones.com

Impreso en Gráficas Rey, Barcelona
Diseño de cubierta: Raimon Guirado
Maquetación: Joan Alonso
Traducción: Júlia Moll Cerdà
Corrección lingüística: Aliena Laorden

Colección: Una inmersión rápida
Primera edición: Octubre de 2024

ISBN: 978-84-19683-83-0
Depósito legal: B 10235-2024

La traducció d'aquesta obra ha disposat d'un ajut de l'Institut Ramon Llull.

Traduït del català per: Júlia Ramírez Rubio.

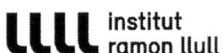

Índice

Lista de tablas e ilustraciones

A Marta y Eulàlia
A los amigos de verdad

Introducción

«Cualquier tecnología suficientemente avanzada es indistinguible de la magia»
Arthur C. Clarke (1917 - 2008)

La energía es algo difícil de definir. En la segunda entrada del diccionario de la Real Academia Española se define la energía como la «capacidad que tiene un sistema para realizar un trabajo, y que se mide en julios». Definición un poco confusa. Tal vez si analizamos cómo se nos presenta la energía y qué formas adopta, acabaremos encontrando una definición más comprensible: luz, calor o trabajo son formas de energía y, de hecho, como dijo Einstein con su reconocida fórmula, la energía está correlacionada con la materia, de tal manera que una es la otra. Salvador Salat (Salat, 2022), en su *Diccionario de la Transición Energética*, nos dice que no podemos hacer nada con la energía, pero no podemos hacer nada sin ella. En definitiva, todos sabemos que la energía es un recurso importante, pero es difícil hacerle una aproximación porque intuimos que es una fuente, una corriente, que se transforma, pero que no podemos tocar y que, en exceso, puede ser incluso peligrosa. Su carencia se convierte en causa de vulnerabilidad, y es en consecuencia una fuente de conflictos entre nosotros. La energía también está regulada por el derecho y siempre vamos buscando tecnologías para cazar y guardar la mejor de sus formas.

En este breve párrafo de inicio, sin explicitarlo, sin darnos cuenta, hemos apuntado conceptos tan relevantes como las leyes de la termodinámica, la ley de conservación de la energía, conceptos tan desconocidos pero importantes como el de la entalpía o la exergía, hemos introducido conceptos como el de la velocidad de la luz y, dando un paso más, nos hemos atrevido a intentar unir la energía a nuestro mundo más prosaico: el del precio. Y, a partir de ahí, ya bien atada a nuestra forma de ser, la hacemos formar parte de la geopolítica y la historia del progreso humano. Hemos hecho todo esto porque hemos hablado de formas de energía, de transformación, de gestión energética y de vulnerabilidad, que es muy cercana a la pobreza energética.

Este breve libro tiene como objetivo introducir al lector en el mundo de la energía, pero sobre todo centrarlo en lo relativo a las energías renovables. Siendo tan rigurosos como obliga la temática, intentaremos dar pistas para que el lector pueda moverse en este ámbito. Intentaremos profundizar en las diversas tecnologías que transforman toda la energía que nos ofrece la naturaleza en energía útil para el desarrollo humano. Al hablar de energía, el abanico es tan amplio que hay que dedicar forzosamente muchas páginas del libro a cada mirada que le hacemos y a su transformación. Así, cuando hablamos de energía, nos podemos centrar en la vertiente científica (principios de conservación y transferencia), en la económica (el precio de la energía), de ingeniería y tecnológica (recurso, aprovechamiento y transformación) o social (cómo la usamos y la hacemos accesible a la ciudadanía), entre otras.

Hemos estructurado el libro en forma de análisis descendiente. En primer lugar, aunque de forma muy breve y a modo de introducción, intentaremos explicar cómo el uso actual antropogénico de la energía en su forma más extendida que es la energía fósil, se transforma en pernicioso para nuestro entorno y para el clima. A continuación, intentaremos mostrar el estado de la renovable y de su desarrollo actual en el mundo. Después, explicaremos de forma concreta las tecnologías que transforman las fuentes energéticas renovables, haciendo un inciso especial en la renovable a pequeña escala, a nivel doméstico. Cabe destacar que la *renovable* es la fuente natural e inagotable de energía, no la tecnología que la transforma, a pesar de que, de forma coloquial, las confundamos. Una vez conocidas las tecnologías, analizaremos, en una visión personal del autor, qué impide su extensión y cómo podemos impulsar su desarrollo e implantación en todo el territorio.

Cada capítulo contiene un recuadro a modo de síntesis y recoge los aspectos destacados que pueden ser de mayor interés.

Capítulo 1

Un inciso para poder hablar con propiedad

«La tecnología por sí sola no basta. También tenemos que poner el corazón».
Jane Goodall (1934)

Energía y potencia

El hecho más evidente que distingue la persona que tiene algunas nociones sobre energía de la que no es cómo expresa las unidades de la energía. Por eso, lo primero que queremos aclarar son los conceptos de energía y potencia y sus unidades de medida. No es algo sencillo de explicar sin correr el riesgo de agotar al lector, pero debe hacerse el esfuerzo por nuestra parte y la paciencia de leerlo con atención por parte del lector paciente. ¡Vamos allá!

La energía se puede expresar en forma de luz, de calor o de trabajo (o sea, actividad en forma de movimiento). La potencia es una magnitud física que relaciona esta energía con el tiempo. Del mismo modo que para entender la magnitud de cuánta agua ha circulado necesitamos dar el componente del tiempo —tantos litros por minuto—, con la energía nos pasa más o menos lo mismo. Así, por ejemplo, hablaremos de determinados kWh de energía en una hora, en un mes o en un año. La energía repartida en el tiempo no es otra cosa que la potencia. Pero profundicemos un poco más en el sórdido mundo de las unidades, porque si entendemos las unidades que acompañan energía y potencia, quizás nos resultará más sencillo entender estos conceptos.

Del mismo modo que hay diferentes formas de determinar la distancia —metros, pulgadas o yardas—, por desgracia también hay muchas unidades de medida que determinan la energía y la potencia y eso, ciertamente, no ayuda mucho, porque crea confusión. Por suerte, el Sistema Internacional (SI) de unidades de medida uniformiza la nomenclatura determinando qué unidades debemos usar. A efectos de lo que nos interesa aclarar ahora, hablaremos en unidades SI y dejaremos de lado las otras unidades, a excepción del kilovatio hora (kWh), que a pesar de no ser una unidad del SI, su uso está ampliamente extendido porque se basa en el vatio, una unidad que sí forma parte del SI y, sobre todo, porque es una unidad de energía que se usa cuando hablamos de valores de consumo asimilables en nuestro día a día.

Vamos por partes: la unidad de energía es el joule o julio, que toma su nombre en honor al científico inglés James Prescott Joule (1818 - 1889). La unidad de la potencia es el vatio, que toma su nombre en honor al matemático e ingeniero de origen escocés James Watt (1736 - 1819), que desarrolló importantes mejoras a las primeras máquinas de vapor e inventó el regulador de Watt, que aparece en el escudo de los ingenieros industriales.

El símbolo de las unidades que rinden homenaje a personalidades ilustres va siempre en mayúsculas, porque merecen un respeto. Es por eso que la unidad *vatio* la escribimos con una W y *joule* con una J. Para saber a qué nos referimos: 3.600.000 J equivalen a un kilovatio hora (kWh) de energía. Ya nos damos cuenta de que el joule no es útil para entender cuánta energía usamos y por eso merece una mayor aceptación el kWh, a pesar de no ser una unidad del SI.

A continuación, podemos intentar entender de qué hablamos:

Ya hemos dicho que podemos ver los efectos de la energía (movimiento, calor, luz, etc.), pero para definirla nos centraremos en el concepto de trabajo, y más concretamente, en el trabajo de desplazar una masa mediante una fuerza. Hablaremos de energía mecánica. Después, una vez definido el concepto de energía y de sus unidades, intentaremos interpretar las otras formas que toma. En cualquier caso, prestemos atención ahora al consenso generalizado para definir el concepto:

La energía (J) se define como el resultado de aplicar una fuerza sobre un cuerpo para desplazarlo o cambiar su estado o su forma. La fuerza, por su lado, se define como una masa que movemos aceleradamente. Así pues, la fuerza es el producto de kg * m/s^2, en que los m/s^2 son las unidades que definen una aceleración.

Si queremos saber qué energía tenemos, necesitamos saber cuántos metros se aplica la fuerza y, así, finalmente definimos energía como la fuerza aplicada para mover una masa de forma acelerada durante una distancia determinada. La fuerza tiene por unidad el newton, escrito N, en mayúsculas, en honor al físico matemático Sir Isaac Newton (1642 - 1727).

Fuerza [N] = masa [kg] * aceleración [m/s^2]   y
Energía [J] = fuerza [N] * distancia [m]

Ahora sí, entonces, ¿qué es el joule (J)?

Energía [J] = fuerza [N] * distancia [m]
Energía [J] = (masa [kg] * aceleración [m/s^2]) * distancia [m]
Energía [J] = Energía [kg * m/s^2 * m]
Energía [J] = Energía [kg * m^2/s^2]

El joule es una unidad de energía y es el resultado del producto entre kilogramo por metro cuadrado y dividido por el segundo al cuadrado. Matemáticamente, se expresa de la siguiente manera: 1J = 1kg * 1m^2 / 1s^2 y no es más que substituir unidades en las fórmulas de Fuerza y Energía que se han indicado.

Por lo tanto, la energía es el trabajo necesario para desplazar una masa con una aceleración determinada.

Cabe destacar que la gravedad es una aceleración (9,81 m/s^2) y el peso es una fuerza, porque es una masa multiplicada por la gravedad y, por lo tanto, el peso se expresa en newtons (N), pero, en cambio, coloquialmente la definimos erróneamente con unidades de masa, que son los kg. El peso es una fuerza en N y la masa es una magnitud expresada en kg. Así que ya saben, a partir de ahora le preguntaremos a nuestra balanza: ¿qué masa tengo? Y no, ¿qué peso tengo?

¿Por qué las unidades de fuerza son los newtons (N)? Muy probablemente porque la idea de que la fuerza es el producto de una masa por una aceleración y puesto que, como ya hemos dicho, la gravedad es una aceleración, cuenta la leyenda que este modo de expresar la fuerza le vino a Sir Newton a la cabeza en forma de manzana agresiva que le inspiró la ley de la gravitación universal. La relación entre fuerza y aceleración es lo que se conoce como la segunda ley de Newton o principio fundamental de la mecánica.

Ahora que ya sabemos cómo definimos la energía, vamos a analizar qué es la potencia: pues bien, la potencia no es otra cosa que esta energía en un momento determinado. Puesto que hemos dicho que energía y trabajo es lo mismo, tal vez se entiende mejor si definimos potencia como la rapidez en la que se ejecuta el trabajo. Por lo tanto, la unidad de medida vatio (W) es el cociente entre la unidad de energía joule (J) y la unidad de tiempo, que en unidades del sistema internacional (SI) es el segundo (s).

$$\text{Potencia [W] = Energía [J] / tiempo [s]}$$

En definitiva, y ya para terminar, la energía se mide en J, aunque nos entendemos mejor en kWh, y la potencia se mide en W.

La energía viene siendo la cantidad de trabajo que podemos hacer. Siempre hablamos de cuánta energía necesitamos para ejecutar una actividad, pero nos interesa especialmente saber en cuánto tiempo la haremos. Cuánta energía necesitamos para realizar una acción determinada y cuánto tiempo necesitaremos. La factura de la luz de casa, por ejemplo, nos llega en kWh consumidos en un mes. Eso nos da una idea de si hemos usado mucha o poca energía. Nos es útil conocer la potencia de un aerogenerador (capacidad máxima de generar) y saber la energía que generará (cantidad de energía que vierte a la red eléctrica) en función del recurso eólico del entorno en el cual se implanta. Los dos conceptos son importantes y hay que distinguirlos; las unidades nos ayudan a hacerlo.

Y ya para terminar esta introducción demasiado extensa, consideramos importante conocer las unidades que usaremos: el kilo, expresado con la k minúscula que son 1.000 unidades (p. ej. de la misma manera que 1 kg son 1.000 g y 1 kWh son 1.000 Wh), el mega, expresado con la M mayúscula, que son 1.000.000 unidades. Así vamos subiendo de mil en mil. Por encima del mega, tenemos el giga (G), el tera (T), el peta (P) y después el exa (E). A nivel de energía, llegaríamos hasta aquí, porque no usaremos unidades mayores del exa y aún este factor únicamente cuando hablamos de energía a nivel astronómico. Habitualmente, a nivel doméstico nos movemos con el kWh, a nivel de ciudad con el GWh, y a nivel de país, con el GWh u, ocasionalmente, incluso el TWh.

	kilo (kWh)	Mega (MWh)	Giga (GWh)	Tera (TWh)
kilo (kWh)	1	0,001	0,000001	0,000000001
Mega (MWh)	1.000	1	0,001	0,000001
Giga (GWh)	1.000.000	1.000	1	0,001
Tera (TWh)	1.000.000.000	1.000.000	1.000	1

Tabla 1. Relación entre unidades.

Para hacernos una idea de dónde estamos, hay que ser conscientes de que a nivel planetario la Agencia Internacional de la Energía en su *Balance energético mundial* de 2021 calculó que el año 2019, la energía consumida fue 606 EJ/año, que son $606 \cdot 10^{18}$ J/año, es decir, 168.333 TWh/año. Hay que tener en cuenta que, en el año 1973, la misma fuente sitúa la demanda de energía mundial en 254 EJ/año. Lo cual indica que en casi 50 años se ha producido un crecimiento del 139%. En España, el año 2019 utilizó del orden de 1.450 TWh/año (un 0,9% del total mundial) o lo que es lo mismo: en el año 2019, cada español usó un total de 31 MWh/año de energía.

De toda la energía que emite el Sol —estimada en 11.700.000.000.000.000 EJ que son el resultado de la fusión cada segundo de 620 millones de toneladas de hidrógeno—, llegan a la Tierra 5.400.000 EJ. Así que solo nos llega un 0,0000005 por mil de la energía que emite el Sol, pero es suficiente para poder afirmar que en un breve segundo de tiempo nos llega a la Tierra tanta energía proveniente del Sol, como toda la energía que los humanos hemos usado durante toda nuestra historia. Dicho de otro modo, cada segundo nos llega del Sol 700.000 veces más energía de la que necesitamos los humanos.

Diversas formas de energía

Como hemos mencionado, hay muchas formas de energía. Aunque la hemos definido como una forma de trabajo (el de aplicar una fuerza para desplazar una masa), ya hemos alertado de que era solo una de las formas que toma la energía y que nos servía para poder entender el concepto y establecer unas unidades de medida. Y es que sabemos que hay muchos tipos de energía y no ayuda no poder verla, sino únicamente comprobar sus efectos. Intentaremos explicar algunas de sus formas: 1) La energía mecánica ya la conocemos, puesto que la hemos usado para definir el concepto general de energía y sus unidades. La encontramos en dos formas: la energía cinética, que es la energía de un objeto en movimiento, de modo que, si no hay movimiento, la energía cinética es cero, y la energía potencial, que es la energía que tienen los cuerpos con capacidad de hacer trabajo. Como la propia palabra indica: cuerpos con potencialidad de generar trabajo, ya sea porque se encuentran a una altura determinada y, por lo tanto, al caer se pueden transformar, por ejemplo, en energía cinética —energía potencial gravitacional— o un muelle que puede transmitir una fuerza de tracción o compresión, según sea conveniente —energía potencial elástica. 2) El calor o energía térmica es otra forma de energía que se produce cuando las partículas de un cuerpo toman energía cinética. A más energía cinética, más energía térmica que toma el objeto por el hecho de que las partículas que lo componen se mueven cada vez más rápido. Puede llegar a un punto en el que, como se mueven tanto, el cuerpo pierde su integridad estructural y cambia de estado. 3) La luz o los rayos X son una forma de energía radiante o electromagnética, como también lo es la electricidad. 4) La energía interna o química es la energía eléctrica que encontramos en los enlaces químicos que mantienen unidas las moléculas. 5) La energía atómica o nuclear es la contenida en el interior de los núcleos atómicos. El Sol es energía nuclear, ya que emite radiación derivada de la fusión atómica que se produce en su interior. Esta radiación llega a la Tierra en forma de calor y de luz, es decir, en forma de energía radiante y térmica. Las centrales nucleares emiten energía por la fisión de átomos de uranio para que liberen radiación que sirve para calentar agua, de nuevo energía térmica.

Concluimos, así, que hay muchas expresiones de energía, incluso una forma de energía muy molesta en la forma de electricidad: la energía reactiva, que merece un tratado propio. Sin embargo, ahora conviene no desviarse del objeto de este libro. En cualquier caso, prestemos atención al primer principio de la termodinámica, que nos dice que la energía ni se crea ni se destruye, sino que se transforma de una forma a otra. Otra cosa es que algunas formas de energía no las podamos aprovechar para nosotros, entonces hablaremos de pérdidas en la transformación, pero al fin y al cabo son también otras formas de energía.

Entonces, quedémonos en lo que es realmente importante: la energía se transforma de una forma a otra y cada transformación sufre unas pérdidas, que son también formas de energía, pero que no podemos utilizar. La energía aprovechada con respecto a la que disponemos la llamamos rendimiento. Los humanos no siempre somos capaces de sacar provecho a todas las formas de energía. Cuanto más alto es el rendimiento de un sistema, menores son las pérdidas (menos energía dejamos de poder aprovechar) y eso es relevante en sistemas que se basan en transformar fuentes combustibles limitadas —o que requieren mucho tiempo para reponerse, como derivados del petróleo, carbón o nuclear— pero lo es menos en sistemas que aprovechan fuentes renovables porque son abundantes e infinitas. En este libro veremos cómo sacamos provecho de las fuentes naturales, con qué rendimiento y con qué finalidad.

¿Qué necesito saber sobre la energía?

La energía y la potencia son conceptos que no podemos confundir. Uno mide el trabajo y lo medimos en kWh y el otro la capacidad de hacer el trabajo y lo medimos en kW.

En nuestra factura eléctrica podemos asimilar la potencia que hemos contratado con el ancho de la tubería por donde pasa el agua y la energía la podemos asimilar a la cantidad de agua que circula por ella. Así pues, si la tubería es ancha —mayor potencia contratada—, más energía podremos usar en un momento determinado —más agua circula. Tener una tubería ancha cuesta dinero, porque significa que la compañía eléctrica nos pondrá a disposición mucha energía de golpe cuando la necesitemos. Es importante mirar bien qué tubería necesitamos y no matar moscas a cañonazos.

De los 11.700.000.000.000.000 EJ que emite el Sol, en la Tierra, a nivel de cota cero nos llega solo un 0,0000005 por mil y, aun así, nos llega tanta radiación de nuestro sol que en un segundo recibimos 700.000 veces más energía de la que necesitamos.

A nivel mundial, el uso de la energía crece más rápido que la población. Del año 1973 al año 2019, hemos aumentado la demanda de energía en un 138,6%, mientras que en el mismo período la población ha crecido un 97,4%.

Encontramos muchas formas diferentes de energía y la tecnología a menudo nos permite transformarla de una forma a otra. Cada transformación sufre unas pérdidas, que también son formas de energía pero que no podemos usar. La energía aprovechada con respecto a la que disponemos la llamamos rendimiento.

Cuando hablamos de sistemas renovables, el rendimiento es menos relevante, ya que la fuente es infinita o porque aprovechamos fuentes residuales de energía que, de otro modo, perderíamos igualmente. Pero el rendimiento es muy relevante cuando transformamos recursos naturales limitados como combustibles fósiles. De manera que, en la medida de lo posible, es mejor aprovechar la energía primaria y transformarla solo cuando sea indispensable.

Capítulo 2

El uso antropogénico de la energía, el culpable del cambio climático y las energías renovables como parte de la solución

«No sobrevive la especie más fuerte ni la más inteligente, sino la que mejor se adapta al cambio».
Charles Darwin (1809 - 1882)

El cambio climático es una realidad. Sin lugar a dudas. Los ciudadanos notamos sus efectos y los estados y ciudades ya diseñan estrategias para adaptarse. Sus efectos pueden ser demoledores y el Grupo Intergubernamental de Expertos sobre el Cambio Climático, el IPCC, ya ha planteado diversos escenarios posibles, dependiendo de hasta qué punto finalmente terminará aumentando la temperatura media del planeta. En los últimos 50 años, la temperatura media ha subido un 1,32% y se espera que el año 2050 habrá subido 1,5 °C, solo si somos capaces de contener el nivel actual de emisiones de gases de efecto invernadero. El problema de esta subida mediana es que en lugares puntuales el aumento de temperatura es bastante superior. Así, por ejemplo, en los polos se han comprobado valores superiores a 3 °C con respecto a los valores medianos de temperatura que teníamos en el pasado.

La lucha por el clima

Se ha evaluado qué pasaría si no hiciéramos nada o si fuésemos poco diligentes al moderar las emisiones. El IPCC, ya desde su quinto informe de evaluación (AR5), definió diferentes escenarios de subida de temperatura media de acuerdo con el nivel de emisiones —a lo que llama *Representative Concentration Pathways* (RCP), es decir, las trayectorias de concentración representativas. En su último informe (AR6 2023), el IPCC también ha definido los *Shared Socioconomic Pathways* (SSP), es decir, las trayectorias socioeconómicas compartidas, que son diferentes escenarios de impacto socioeconómico derivado del aumento de temperatura. Los escenarios más allá del grado y medio (RCP1,9 o SSP1) son casi distópicos y, en consecuencia, hacer algo se convierte en una obligación. La situación de sobrepasar este 1,5 °C, que es el escenario que ocurriría si se cumplen al pie de la letra los compromisos contraídos por los estados en París, puede ser cualquiera que os podáis imaginar, ya que, de hecho, una desestabilización de la temperatura media tan rápida como esta no ha ocurrido nunca y, por lo tanto, tiene resultados poco previsibles.

El uso antropogénico de la energía, el culpable del cambio climático
y las energías renovables como parte de la solución

29

Como hemos dicho, el IPCC, a través de sus informes periódicos de proyección climática (RCP) y los efectos que se derivan (SSP), nos indica diferentes situaciones en función del incremento medio que tengamos en el año 2100 con respecto a las temperaturas medias actuales. El escenario de no hacer ninguna actuación nos llevaría a una subida de más de 4 °C. Esto conllevaría incendios espontáneos y brutales, sequías severas, noches tropicales (>20 °C) permanentes, un mayor número de noches tórridas (>25 °C por la noche) e incluso algunas noches sofocantes (>30 °C) y sequías prolongadas extendidas en todas partes; todos estos factores provocarían escasez de alimentos y, por lo tanto, hambre y, por consiguiente, migraciones climáticas masivas. En contraposición, pero de forma simultánea, en otras zonas del planeta hay quien sostiene que se producirían episodios de frío polar que podrían durar semanas o meses... en definitiva, un desbarajuste total. Entre estos dos extremos, hay escenarios cada vez más perjudiciales para el mantenimiento de la vida tal y como la conocemos. Los escenarios (SSP) que ha definido el IPCC en su último informe (AR6) van seguidos de un número que determina lo que llamamos el forzamiento radiativo que tendremos en el año 2100, medido en W/m^2 con relación a la situación que teníamos de radiación el año 1850. Así, en el peor de los casos (SSP5) tendremos un aumento de radiación sobre la superficie terrestre de 8,5 W/m^2, mientras que en el mejor de los escenarios (SSP1, en el que se cumplen los compromisos del Acuerdo de París de 2015) sería un aumento a 2,6 W/m^2. Puede parecer poco teniendo en cuenta que, del Sol, nos llega a la parte superior de la atmósfera un valor de 1.361 W/m². Este valor es el que conocemos como una constante solar, aunque realmente no lo es, ya que es una ponderación de valores medios a lo largo del año. Además, no recibimos del astro la misma cantidad de radiación en las épocas del año en las que nuestro planeta está cerca (solsticio de invierno) con respecto a cuando está lejos (solsticio de verano). Se calcula que este valor varía un ±3%. Del total de la radiación solar incidente en el planeta, una tercera parte se refleja hacia el firmamento como si fuera un espejo, otra se transmite atravesando los cuerpos que encuentra y una parte menor se absorbe calentando estos cuerpos a los que les llega la radiación. Así, finalmente, de esa energía que viene del Sol, a nivel de altura del mar, nos acaba llegando del orden de 950 W/m² si tenemos un día claro o solo 100 W/m² en un día nublado.

Sobre las causas de este incremento de temperatura, ciertamente, hay relatos para todos los gustos, pero parece bastante contrastada la idea de que es el hombre el causante de todo este desbarajuste. La inmensa mayoría de la comunidad científica está de acuerdo en que las emisiones de gases de efecto invernadero (GEI) de causa antropogénica están desequilibrando la balanza hacia un calentamiento planetario. Este aumento radiativo que causa cambios sobre el clima es consecuencia del hecho de que la Tierra no puede evacuar hacia el espacio con suficiente rapidez el calor que le llega. Del rayo solar que llega al planeta, una parte se refleja y se emite hacia el espacio. Pues bien, esta parte emitida cada día es menor por culpa de la película de compuestos de efecto invernadero presentes en la atmósfera, que hacen de capa y devuelven el calor hacia la Tierra.

La presencia de dióxido de carbono, uno de los principales gases con efecto invernadero, en la atmósfera ha ido oscilando, pero siempre moviéndose entre unos valores acotados. Es en los últimos años cuando ha experimentado un aumento exponencial. El dato es claro: las partes por millón (ppm) de CO_2 presentes en el aire. Es decir, el número de moléculas de CO_2 que encontramos en un millón de moléculas de aire. Así, si durante nuestra historia —de unos cuantos millones de años— la presencia de CO_2 en la atmósfera oscilaba alrededor de las 230 ppm, con la revolución industrial empezó a aumentar y el año 1950 ya estábamos a 312 ppm de CO_2 en la atmósfera. De acuerdo con datos de la *World Meteorological Organization* (WMO), el 2020 se cerró a 413,2 ppm.

Hablamos del dióxido de carbono (CO_2) porque es el gas causante de efecto invernadero que emitimos en mayor medida —un 77% de los GEI que emitimos es CO_2—, pero, en realidad lo que se usa para calcular cuántos GEI estamos enviando anualmente a la atmósfera es el CO_2 equivalente (anotado como: CO_{2eq}). El CO_2 equivalente es una medida métrica usada para contabilizar las emisiones de todos los gases que tienen un efecto invernadero. Este concepto fue adoptado el año 1997, por los 191 estados más toda la Unión Europea en bloque, en la cumbre de Kioto, a través del ya conocido Protocolo de Kioto. Así, son gases de efecto invernadero (GEI) la molécula de metano (CH_4), que produce 40 veces más efecto invernadero que el dióxido de carbono, el óxido nitroso (N_2O) y también diversos compuestos (HFC, PFC, SF6 y NF3). También provoca efecto invernadero el vapor de agua, pero como la persistencia de la molécula de agua en la atmósfera es reducida en el tiempo, no se toma en mucha consideración en el relato de la lucha por el clima.

Desde el año 1990, las emisiones anuales han aumentado un 63% y cada año estamos emitiendo aproximadamente 50 billones de toneladas de CO_2 equivalente. Cabe destacar que, según informaciones de Eurostat, en este mismo período, la UE-27 ha disminuido sus emisiones atribuidas a combustibles y aviación en un 33%. De todas maneras, en global aún contribuimos aumentando emisiones que se van acumulando a nuestra atmósfera.

Los países más emisores de CO_2 por causa del uso de combustibles fósiles y usos industriales (es decir, un 78% de las emisiones anuales) son China (27%), todo el conjunto de Asia (que, quitando China, también aporta un 27% de las emisiones), Estados Unidos (15%) y la Europa de los 28 (9,8%). Ahora bien, observando las emisiones acumuladas, los Estados Unidos doblan a China en emisión de CO_2. Resulta bastante interesante ponderar las emisiones por los habitantes de cada estado. El hecho de poder visualizar las emisiones per cápita resulta muy esclarecedor para saber qué estados tienen más responsabilidad sobre las emisiones globales. Así, el 2021, los países más emisores de CO_2 por causa de uso de combustibles por orden de mayor a menor emisor fueron: Estados Unidos (14,86 t/hab.), Canadá (14,30 t/hab.), China (8,05 t/hab.), Sudáfrica (7,34 t/hab.) y la UE-27

(6,28 t/hab.). Los barceloneses, en 2021, emitieron 1,7 t/
hab. y, como ciudadanos del mundo, 4,69 t/hab.

Asumida la premisa de que el aumento de temperatura es por causa de las emisiones, sería bueno analizar qué provoca estas emisiones. De entrada, conviene ser conscientes de que la causa principal es el uso de energía fósil, pero también el uso del suelo para la alimentación y la agricultura. De toda manera, analizando a largo plazo se comprueba que las emisiones por este concepto muestran una evolución bastante estable a lo largo de nuestra historia e incluso un cierto decrecimiento los últimos 15 años. Por lo tanto, es inevitable reconocer que la causa del aumento de las emisiones es el uso que hacemos todos de la energía de origen fósil. Un uso de energía destinado a hacer funcionar la industria, la movilidad (terrestre, aérea y naval) de bienes y personas y a climatizar nuestros edificios y equipamientos.

Si se analiza el uso de la energía y el incremento de emisiones, la correlación parece bastante evidente, y más teniendo en cuenta que esta energía es de origen fósil. En 2021, un 80% de la demanda energética se cubrió con fuentes fósiles. Según la Agencia Internacional de la Energía, los usuarios principales de energía son los países de la OCDE con un 38% del total de uso de energía y China, que en 1973 solo representaba el 8% del total mundial y en 2019 pasó a representar el 25% de la demanda total. Este aumento toma mayor relevancia si tenemos en cuenta que en el mismo período la demanda energética ha crecido un 139%. Se comprueba que cada vez somos una sociedad con mayor dependencia energética; somos grandes usuarios de energía y consumimos recursos naturales y fuentes de energía que no podemos reponer.

Sin embargo, en los últimos años, esta sociedad devoradora de energía fósil está cambiando. Con una mayor presencia de las fuentes renovables, se puede pensar que podremos mantener las mismas condiciones de vida y dejar de emitir gases de efecto invernadero. Tampoco es exactamente así, ya que la transición energética no será posible si no se reduce la demanda de energía, es decir, la energía que venimos consumiendo. De hecho, los programas europeos nos hablan de reducciones de demanda de un 40% de cara al 2050 y del 70% de cara al 2100 con respecto a lo que hemos estado consumiendo en los últimos años. A pesar de todo, la energía que necesitamos tendrá que ser proveída por fuentes renovables. El muy recomendable libro de Joan Vila (Vila, 2022), *Economía en el cambio climático*, nos habla de la frugalidad como mecanismo indispensable que debe asumir la sociedad para poder, conjuntamente, hacer frente al cambio climático y situarnos en el camino de los escenarios que derivan de los acuerdos tomados en la COP de París. Cuando Vila habla de frugalidad se refiere a redefinir valores para convertirnos en una sociedad que usa menos recursos materiales, menos energía y que saca provecho de una economía circular que nos permitirá crecer económicamente sin aumentar la extracción de materias primas. Por lo tanto, nos propone reformular nuestro comportamiento y emprender una apuesta ambiciosa (en capital económico y humano) en nuevas tecnologías limpias y renovables. En contraposición a este paradigma, tenemos la visión colapsista de quien piensa que reduciremos la extracción de materiales porque habremos agotado el recurso. En este posicionamiento, se nos dibuja el esfuerzo hacia la reconversión a una renovable como un mecanismo que solo busca perpetuar los modelos de gestión actuales (básicamente oligopolistas), pero que acabará fracasando por un hundimiento de todo el sistema por falta de recursos.

El diagrama de Sankey

Cuando se hace planificación y prospectiva energética de un país o de una región o incluso de una ciudad, es imprescindible conocer las fuentes de energía de las que se alimenta el país, cómo se transforma la energía, las pérdidas de energía que conlleva y cómo se usa finalmente a nivel de consumidor final, que puede ser el conjunto de los ciudadanos, una industria o la administración. La energía que entra en el país, la región o la ciudad, la llamamos fuente de energía primaria. La energía que usamos los consumidores la llamamos energía final y la detallamos según la fuente de energía, no solo indicando dónde se consume —edificios, movilidad o sector servicios o industrial—, sino qué tipo de energía se consume. Así, si como fuente primaria tenemos petróleo, carbón, uranio y renovable en todas sus formas, la fuente final puede ser gas, combustibles, electricidad (que proviene de una transformación del uranio a la nuclear, del gas a las centrales de ciclo combinado, del carbón a las centrales térmicas de carbón y de la renovable). La electricidad no será nunca una energía primaria porque nace de una transformación. Es tan importante saber cómo se consume la energía como conocer la fuente que consumimos. Además, esta situación cambia año tras año, porque no siempre la energía primaria que nos llega es la misma, ni el uso de la energía es el mismo.

Con toda esta información se elabora un gráfico que muestra los flujos de la energía desde que entra en el país hasta que se consume. Es indispensable para la correcta interpretación de este gráfico que el grueso de los flujos sea proporcional a las unidades que representan. De este modo, se puede visualizar la mayor fuente de energía, el mayor usuario de esta energía, etc. Este diagrama de flujo que estamos explicando se llama Diagrama de *Sankey*. El ingeniero irlandés Matthew Henry Phineas Riall Sankey (1853 - 1925) lo ideó el año 1898 para exponer la eficiencia en las máquinas de vapor. El diagrama de *Sankey* se usa en muchos otros ámbitos, por ejemplo, para explicar en un proceso industrial cómo se elabora el producto a partir de sus materias primas, cómo se usan las materias y se transforman durante todo el proceso y, finalmente, la salida de fábrica del producto terminado. El diagrama de *Sankey* también es útil para visibilizar flujos monetarios, flujos migratorios o incluso campañas militares.

Pero volviendo a la energía, disponer del *Sankey* anual es imprescindible para la ciudadanía y los gobernantes para saber a nivel de país de dónde venimos y cómo estamos caminando a través de esta transición energética. Un *Sankey* explica muy gráficamente cuánta energía requiere un país y de qué tipo, cuán eficiente es en su uso y, finalmente, qué sectores son mayores consumidores y, por lo tanto, requieren con mayor urgencia establecer políticas de ahorro y de eficiencia.

El concepto de exergía

Llegados aquí, aprovecharemos para explicar un concepto muy interesante sobre la energía que es el de exergía. Hemos dicho que a un país llega energía primaria. También hemos dicho que la electricidad no es una energía primaria, ya que, hasta que no consigamos capturar el rayo, siempre nace de la transformación de otra fuente. Pues bien, conviene saber que la electricidad a menudo nos presenta mayor exergía que otras fuentes de energía, porque nos permite realizar multitud de formas de trabajo. Pero, ¿qué es la exergía? La exergía es una propiedad termodinámica que mide la cantidad, pero, sobre todo, la calidad de la energía. Dicho de otro modo, mide la potencialidad que presenta una forma determinada de energía, una fuente de energía, para convertirse en un trabajo más o menos útil para nosotros. Hay que aclarar que el nivel de exergía que presenta una u otra fuente depende del entorno en el que se encuentre, por eso hemos dicho que la electricidad, a menudo —pero no siempre—, presenta mayores niveles de exergía. Es conocido por todos el principio de conservación de la energía que nos dice que la energía ni se crea ni se destruye, sino que se transforma. Pues hay muchas formas de energía que no nos son para nada útiles. Un saco de pélets presenta una cierta exergía, porque nos puede producir trabajo: lo podemos combustionar y calentar agua para calentarnos. Pero la energía saliente de esta combustión en forma de cenizas y gases calientes que perdemos en la chimenea no presenta mucha exergía, no podemos hacer mucho de ello. También es energía, pero en un estado que no nos es útil. Por lo tanto, si bien la energía ni se crea ni se destruye, sino que se transforma, la exergía sí que se destruye. El concepto de exergía no es muy conocido, pero nos permite determinar la calidad de una fuente energética su derroche energético y, sobre todo y últimamente, los economistas empiezan a darle valor ya que, al ser una propiedad que mide la utilidad, toma interés económico.

¿Qué es el efecto invernadero?

El cambio climático está causado por el efecto invernadero que provocan gases como el dióxido de carbono, el metano o el vapor de agua. Algunos son más perniciosos porque la molécula, por ejemplo, del metano, reside más tiempo en la atmósfera que la del agua. Para hacerlo más fácil, hablamos del CO_2 equivalente, que es un valor calculado a partir del porcentaje emitido de cada componente. Estos compuestos limitan que la radiación solar rebotada salga de la atmósfera hacia el espacio de manera que se produce un efecto de calentamiento global.

El uso antropogénico de la energía, el culpable del cambio climático
y las energías renovables como parte de la solución

39

Durante miles de años estábamos en equilibrio con unos valores alrededor de las 230 partes por millón (ppm) de presencia de CO_2 en la atmósfera. Pero desde la revolución industrial va aumentando y en 2020 ya se situó en 413,2 ppm.

De forma recurrente, el Grupo Intergubernamental de Expertos sobre el Cambio Climático, el IPCC, plantea diversos escenarios posibles teniendo en cuenta el aumento de temperatura media mundial que se espera en los próximos años. Son los Escenarios de proyección climática — *Representative Concentration Pathways* (RCP)— y como novedad, este 2023, han incorporado también los Escenarios de impacto socioeconómico — *Shared Socioconomic Pathways* (SSP).

Estos compuestos que provocan efecto invernadero los llamamos gases de efecto invernadero (GEI) y el uso de la energía es el responsable del 35% de las emisiones mundiales. Por eso las Naciones Unidas se plantean la lucha por el clima sobre la base de la reducción de las emisiones mundiales per cápita de las 6,3 t/año a 2,1 t/año en 2030. El cambio climático se juega en el campo de la transición energética. Y es que un 80% de la demanda energética se cubre con fuentes fósiles como petróleo, gas o carbón.

Para poder planificar, marcar objetivos y sobre todo hacer el seguimiento de su cumplimiento se usa el diagrama de *Sankey*, que es una forma gráfica que muestra cuanta energía entra en el país, cómo se transforma y cómo se termina usando.

Un concepto importante es el de exergía, que según el diccionario de la lengua de la Real Academia Española, es la energía máxima de un sistema que se puede transformar en trabajo útil. Entonces, es indicativo de la calidad de la energía que tenemos entre manos. La energía se transforma, pero nunca se destruye; en cambio, la exergía puede desaparecer porque hay formas de energía que no son útiles para nosotros. Este concepto tiene relevancia en estudios económicos.

Capítulo 3
Una fotografía de las renovables en el mundo

«Un gran poder conlleva una gran responsabilidad».
Adagio, s. I a. C.

Las Naciones Unidas definen las energías renovables como «un tipo de energías derivadas de fuentes naturales que llegan a reponerse más rápido de lo que pueden consumirse» y añade: «Las fuentes de energía renovable abundan y las encontramos en cualquier entorno».

A fecha de escribir este libro, a nivel mundial, hay instalados del orden de 3.064 GW de potencia renovable con la que se puede cubrir el 18% de toda la energía que se usa en el mundo. Se trata de un porcentaje superior al que la mayoría de gente se imagina, pero todavía muy lejos del que debería ser para poder cumplir los compromisos de contención de aumento de temperatura con-

traídos en la COP de París (12 de diciembre de 2015).
Considerando solo la energía eléctrica, las fuentes renovables producen un 28% del total de la electricidad que
se consume en el mundo. De acuerdo con datos de la
Agencia Internacional de la Energía, se espera que en los
próximos 5 años se añadan más tecnologías renovables
de las que se han instalado en los últimos 20 años. Se
espera multiplicar por 3 los 1,2 millones de puestos de
trabajo (directos e indirectos) actuales asociados a la inversión renovable prevista. Pero el mantenimiento de activos que se implanten también generará ocupación. De
hecho, este 2023, Alemania ya ha anunciado que necesitará aproximadamente 200.000 ingenieros y técnicos es-
pecializados en el diseño, construcción y mantenimiento
de instalaciones renovables.

Ya hemos visto que los objetivos de la COP son el
de reducir la demanda (es decir, minorar la necesidad)
de energía y aumentar su generación con fuentes renovables. Esta sustitución progresiva de fuentes acordada
por casi todos los estados del planeta lleva a la Agencia
Internacional de la Energía (IEA) a hacer proyecciones
en las que se observa el descenso de fuentes fósiles, que
quedan sustituidas por fuentes renovables. A causa de la
política de reconversión centrada en la concienciación y
las ayudas públicas, pero sobre todo en el abaratamiento
de las tecnologías renovables que están dejando fuera de
mercado sistemas de producción de electricidad y agua
caliente con combustibles, se espera una sustitución más
o menos rápida del fósil hacia la renovable.

Europa es uno de los continentes donde se está apostando con más fuerza por la renovable. Con datos de 2021 publicados por Eurostat, Islandia (85,8%) y Noruega (74,01%) son los países líderes en cubrir su demanda de energía final con renovable. Van seguidos por Suecia (con un 62,6%) y, ya muy por debajo, Finlandia (con un 43,1%). Pero solo son un total de 10 países, incluidos los citados, los que están por encima del objetivo de aportación renovable que se marcó Europa. Al resto de países les queda mucho trabajo por hacer.

Las renovables permiten transformar la visión que teníamos del mundo energético. Desde siempre, estamos acostumbrados a ver la cadena del flujo energético partiendo de la gran generación hacia el consumidor final, circulando a través de las redes de transporte, las de distribución y la comercialización. Así, se vehiculaba la energía de un proveedor mayorista a un usuario final acostumbrado a hacer frente a la factura sin poder opinar mucho. Actualmente, el bajo precio de las placas fotovoltaicas es un factor determinante para capacitar a la ciudadanía para hacer frente de forma individual y corresponsable a las oportunidades de la transición energética.

Queda claro que para combatir el cambio climático hay que hacer la transición energética y también queda claro que la humanidad es la causa de los problemas, pero también es la solución. Un gran poder conlleva una gran responsabilidad. Somos responsables de resolver el reto que tenemos delante.

¿Qué necesito saber sobre las tecnologías renovables a gran escala?

Un país debe diseñar su generación renovable a dos escalas: la renovable de autoconsumo, que es la que nos empodera como ciudadanos porque podemos decidir cuándo, cómo y a qué precio queremos la energía y que sirve al país para reducir la demanda final de energía, y los grandes parques renovables que aportan mucha energía de golpe, estabilidad en el sistema eléctrico y permiten la regulación de toda la red. En nuestro país, prácticamente en la misma proporción, necesitamos tanta potencia fotovoltaica como eólica y siempre considerando que tenemos que ir a máximos de presencia de la hidráulica y del aprovechamiento de la bioenergía propia de país.

Se prevé que en solo cinco años (período de 2022 a 2027) se instale tanta potencia renovable como la que se había instalado en veinte años (período 2001-2021). A fecha de 2022, hay instalados en el mundo 3.064 GW de renovable que puede producir el 18% de toda la energía que necesitamos.

¿Y sobre la pequeña renovable? La renovable en casa

Si vives en una casa unifamiliar, piensa en las opciones de colocarte una placa fotovoltaica para disponer de electricidad y no olvides la opción de la solar térmica para calentar agua caliente ni en la posibilidad de instalarte una caldera de biomasa. Si tienes opción, piensa siempre en la aerotermia (climatizar aprovechando el aire ambiente). La geotermia, que permite climatizar aprovechando la temperatura estable del subsuelo, aporta mayor rendimiento, pero la aerotermia es de instalación más sencilla. En ambos casos, si dispones de fotovoltaica, tendrás climatización y agua caliente 100% renovable.

Si vives en un edificio plurifamiliar, habla con los vecinos para instalar una fotovoltaica y compartir su producción. Podéis pensar en constituiros como comunidad energética, entonces podéis incluso hacer que participen vecinos más allá del edificio para que contribuyan en la inversión. Con la fotovoltaica podéis considerar una centralización de la climatización con bomba de calor aerotermia comunitaria.

El futuro es eléctrico. Y es que es más factible hacer que la electricidad que nos llega a casa sea renovable que reconvertir todo el gas natural o combustibles que estamos consumiendo ahora en un gas renovable. No es fácil electrificar toda la demanda y requiere mucha inversión. Imaginemos ahora cambiar todas las calderas domésticas de gas a sistemas de bomba de calor eléctricas, que muy probablemente requerirán también tener que cambiar los radiadores. No es una inversión fácil de asumir. El sector industrial tampoco puede electrificarse fácilmente. Especialmente sectores como el del acero o el cementero, que requieren mucha energía térmica. La movilidad de gran tonelaje que se hace ahora con combustibles habrá que reconvertirla y no será para nada sencillo. Entran en juego nuevos vectores energéticos, como el hidrógeno verde.

Capítulo 4

Aproximación a las energías renovables

«En el espacio hay energía y es cuestión de tiempo que el ser humano logre aprovecharla»
Nikola Tesla (1856 - 1943)

Introducción a las tecnologías renovables

La Directiva 2009/28/CE del Parlamento Europeo y del Consejo relativa al fomento del uso de energía procedente de fuentes renovables define la energía que extraemos a partir de fuentes de energía renovables como la «energía procedente de fuentes renovables no fósiles, es decir, energía eólica, solar, aerotérmica, geotérmica, hidrotérmica y oceánica, hidráulica, biomasa, gases de vertedero, gases de plantas de depuración y biogás».

El objetivo europeo es tender a una generación 100% renovable. Eso significa que tenemos que invertir en todas las tecnologías disponibles para aprovechar todas las fuentes renovables a las cuales, hoy y en el futuro, con el progreso tecnológico, podremos sacarles provecho. Esto lo entendemos en el sentido más amplio posible y que, según la agrupación que presentamos en este libro, estructuramos de la siguiente forma:

1. energía del Sol (fotovoltaica y solar térmica),
2. energía del viento (eólica),
3. energía del agua (hidráulica de salto e hidráulica reversible),
4. energía de la materia orgánica para obtener bioenergía (biomasa forestal, residuos, agrícola...),
5. energía del aire (aerotérmica),
6. energía de la tierra o subsuelo (geotérmica) y
7. energía del mar.

Lo más interesante es que, con todas las renovables jugando en el mapa de la generación, se puede llegar a cubrir a todas horas la demanda de energía que necesitamos. Es cuestión de planificar bien. Y es que la curva de producción de un parque eólico casa muy bien con la curva de producción fotovoltaica. La máxima producción eólica acostumbra a ser al anochecer, por la noche y la madrugada, justo al revés de las horas de sol, cuando produce la fotovoltaica. Así, la generación renovable en un país de la Europa mediterránea hay que equilibrarla

casi a partes iguales entre MW fotovoltaicos y MW eólicos. Hay que jugar con la hidráulica como fuente gestionable y que tiene funciones de acumulador, así como
pensar en la bioenergía como fuente térmica renovable
para aquellos usos en los que la electrificación no sea posible.

No todas las ubicaciones para la eólica o la fotovoltaica son factibles. La renovable, a diferencia de las fuentes
energéticas fósiles, se caracteriza por tener que adaptarse
necesariamente al lugar donde hay el recurso renovable.
Así, la eólica requerirá zonas ventosas y, la fotovoltaica,
zonas muy soleadas. Y ¿qué significa que haya recurso?
Básicamente, que la inversión en tecnología renovable
se pueda recuperar en un período razonable de tiempo.
Evidentemente, aquí juegan muchos factores: cuanto
más eficiente es la tecnología, mejor podemos aprovechar el recurso renovable y amortizar mejor la inversión.
Así pues, la inversión en un gran campo fotovoltaico o
en un gran parque eólico, que establece, a grandes ras-
gos, una necesidad de inversión de 1M€ por cada 1 MW
instalado, requiere disponer de recurso suficiente para
amortizar la inversión. Aquí es donde entra en juego el
concepto de horas equivalentes, que explicaremos en el
apartado relativo a las tecnologías solares. Para amortizar la inversión, no debemos alejarnos mucho de las
4.000 horas equivalentes. Es más fácil llegar a este valor en el mar que no en la tierra, por eso las turbinas
de parques eólicos son de mayor potencia (y más caras
en inversión) en el mar que en la tierra. En tierra firme,
los molinos se disponen en crestas montañosas y, como

mínimo, hay que llegar a las 2.000 horas equivalentes al año. En definitiva, el factor que determina la viabilidad de una inversión puede variar a causa de la volatilidad de precios de la energía, de materiales y la continua mejora tecnológica, de manera que el valor de horas equivalente que hace que la inversión sea viable puede cambiar a lo largo del tiempo.

Hecho el inciso, centrémonos ahora en las tecnologías. Ya hemos comentado que, de manera coloquial, usamos erróneamente el concepto «renovable» por el de «tecnología renovable» y a menudo nos referimos a la tecnología que transforma la fuente de energía inagotable de la naturaleza y no a la fuente natural en sí misma, que sería lo que es realmente renovable. Así, siendo conscientes de que desvirtuamos el término renovable, permítanme, con el objetivo de facilitar la lectura, que siga con esta simplificación para describir las tecnologías que usamos hoy para aprovechar las fuentes renovables (ahora sí) para nuestro uso y confort.

¿De qué fuentes renovables disponemos?

Actualmente, por todo el Estado, se están implantando campos fotovoltaicos y parques eólicos de 5 MW, 50 MW, 100 MW, 400 MW para producción eléctrica a gran escala. Pero también se está trabajando para crear gas verde y aprovechar mejor todos los recursos autóctonos de los que disponemos.

Cuando hablamos de renovable, hablamos del aprovechamiento mediante diversas tecnologías de las fuentes renovables de las que disponemos: 1) energía del sol (fotovoltaica y solar térmica), 2) energía del viento (eólica), 3) energía del agua (hidráulica de salto e hidráulica reversible), 4) energía de la materia orgánica para obtener bioenergía (biomasa forestal, residuos, agrícola...), 5) energía del aire (aerotermia), 6) energía de la tierra o subsuelo (geotérmica) y 7) energía del mar.

Todos estos sistemas de aprovechamiento de fuentes renovables son las centrales que terminarán por sustituir las actuales centrales nucleares y los ciclos combinados. Con la gran renovable internalizamos el impacto ambiental que provocamos por nuestro uso de energía. Impacto que tenemos ahora repartido por el mundo en forma de pozos de petróleo, yacimientos de gas y minas de uranio o carbón y barcos yendo arriba y abajo llevando energía primaria.

En 2021 entraron en el Estado español 378,4 TWh de gas natural (fuente: ENAGAS), 53.412.977 toneladas de combustible (fuente: CORES) y del orden de 1.800 toneladas de uranio U308 (fuente: nuclenor). La transición energética nos obliga a sustituir toda esta energía por sistemas propios renovables. Así, seremos más resilientes y autosuficientes y estaremos protegidos de una geopolítica que deriva en una alta volatilidad de precios.

Las instalaciones renovables de grandes dimensiones implantadas en el territorio conllevan impactos visuales y ambientales. Por eso cualquier proyecto de gran renovable es sometido a un estudio de impacto ambiental. Y siempre hay que preguntarse: ¿Cuál es la alternativa? Y ¿qué impacto conlleva no hacer la transición energética?

La energía del Sol (fotovoltaica, termosolar y solar térmica)

El Sol es una estrella clasificada como enana amarilla de 4.650 millones de años de vida y que se calcula que vivirá todavía 5.000 millones de años más. Con su reacción de fusión nuclear, el Sol produce tanta energía que se encuentra a 5.500 °C de temperatura media (aunque en su núcleo se registran temperaturas de hasta 15 millones de grados). El Sol viaja lanzado al espacio a 720.000 km/h y nosotros con él, a una distancia prudencial de 150 millones de km, cosa que significa que su luz tarda 8 minutos en llegarnos. En el interior del Sol se produce una reacción de fusión entre dos formas diferentes del átomo de hidrógeno —isótopos tritio y deuterio— para formar átomos de helio, hecho que produce la emisión de un neutrón libre y energía que sale emitida hacia el exterior del Sol.

Por suerte, esta energía emitida no nos llega toda de golpe. Se produce un equilibrio entre la fuerza de gravedad que presenta la gran masa de Sol con la onda expansiva de la reacción nuclear que se produce en su núcleo. De este modo, el Sol va emitiendo energía gradualmente y por eso tiene una vida finita, porque va perdiendo la energía que nos envía, y eso seguirá siendo así hasta que llegue a romperse el equilibrio entre la onda expansiva y la gravedad. Cuando eso pase, pesará más la fuerza de gravedad que la onda expansiva derivada de la reacción nuclear, de manera que el Sol colapsará por la propia fuerza de atracción.

Así pues, del astro Sol recibimos luz y calor (en forma de radiación, que son ondas electromagnéticas). Ambas formas de energía son aprovechadas, una para generar electricidad, la otra para calentar un fluido (normalmente agua caliente o aceite térmico) que, a su vez, usaremos para generar agua caliente sanitaria (ACS), calefacción o para procesos industriales y, en algunos casos, incluso se puede producir vapor que al centrifugarlo generaremos electricidad. Los humanos y, de hecho, el planeta en su totalidad hemos sacado provecho del Sol desde siempre, pero parece ser que fue hacia el 700 a. C. cuando se empezaron a usar espejos para encender fuego, es decir, se usaron las ondas electromagnéticas que nos llegan para, mediante un aparato construido por los humanos, generar una nueva forma de energía. Como hemos apuntado en la introducción, al final del año y de promedio, nos llegan del Sol al exterior de la atmósfera de la Tierra

1.361 W/m². Es lo que llamamos constante solar, aunque también hemos apuntado que no es exactamente constante, sino que varía un ±3%. La irradiancia (W/m²) a nivel de suelo varía sustancialmente según la latitud, la hora del año y las condiciones atmosféricas. Por consiguiente, también varía la irradiación (que es la energía medida en J/m²) que incide sobre una placa captadora.

De las ondas electromagnéticas que nos llegan podemos calcular la energía. Una onda electromagnética lleva más energía cuanto más alta es su frecuencia de vibración, es decir, cuanto más alto es el número de oscilaciones. Así, transporta más energía un rayo X o un rayo gamma que una onda de radio, porque su frecuencia es superior.

Con la relación que nos dio el físico alemán Max Karl Ernst Ludwig Planck, podemos saber la energía que transporta una onda en función de su frecuencia, de manera que nos demuestra que la energía que lleva la onda es directamente proporcional a su frecuencia.

La tecnología para transformar los fotones de luz en electricidad la llamamos fotovoltaica, mientras que la tecnología que aprovecha la radiación la llamamos termosolar o solar térmica. Son dos tecnologías renovables que han evolucionado en gran medida en las últimas décadas y que han aumentado en eficiencia y han disminuido de forma importante en coste. Eso las convierte en tecnologías muy apropiadas para el empoderamiento de los ciudadanos cuando se las instalan en sus casas con la voluntad de llegar a ser autosuficientes. Así que, del Sol, del mismo modo que sacamos luz y calor natural, también podemos obtener, mediante estas tecnologías, luz y calor artificial.

La radiación que reciben las placas puede ser directa, reflejada o difusa. Evidentemente, la captación directa conllevará una mayor producción que la difusa o la reflejada, pero con la mejora tecnológica, incluso estas dos últimas formas de llegar a la placa generarán energía.

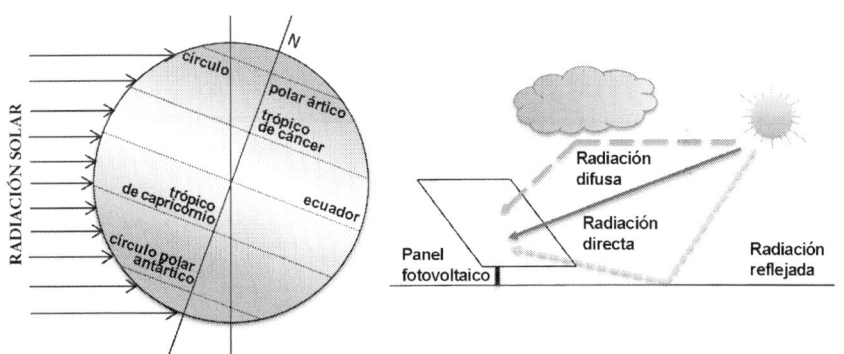

Ilustración 1. Formas de llegada de radiación o luz a los captadores. La radiación que llega del Sol no es la misma en los polos que en el ecuador y, por lo tanto, la capacidad de producción renovable varía según la latitud en la que se ubica la instalación. Fuente: elaboración propia.

Hacemos un breve inciso para explicar el concepto de horas equivalentes y lo importante que es orientar correctamente los elementos captadores —fotovoltaicos o térmicos— para sacar el mayor provecho de la energía que nos llega del Sol —ya sea en forma de luz o de radiación. Es un concepto que se usa para saber, al final del año, cuánta productividad sacaremos de la placa captadora. Esto nos permite saber si una instalación está bien o mal orientada, pero también comparar la producción renovable que podemos llegar a obtener según la ubicación —latitud— de la instalación en el planeta. Así, mientras que las horas equivalentes en Barcelona son de unas 1.300h/año, en la ciudad de Cádiz son de unas 1.600h/año. Eso es por la confluencia de dos factores: 1) porque Cádiz está más al sur que Barcelona —de hecho, en Barcelona hay 2.477 horas/año de Sol, mientras que en Cádiz hay 2.773— y, por lo tanto, la incidencia de los rayos solares es mayor al final del año y, en consecuencia, la producción de energía también es superior, y 2) por la estadística de días nublados de una y otra ciudad, que evidentemente impacta sobre la producción que se espera de la instalación. Cuanto más cerca estamos del ecuador planetario, más irradiancia recibimos del Sol. De hecho, es tanta la energía que recibimos diariamente del Sol, que se calcula que ocupando con fotovoltaica un 1% del desierto del Sahara, se podría generar toda la electricidad que requiere el mundo.

¿Cómo se obtiene este indicador que nos sirve para comparar una instalación con otra? Pues es el resultado de hacer el cociente entre la energía que esperamos obtener de nuestra instalación, medido en kWh/año, dividido por la potencia que tiene la instalación, medida en kW. Así, del cociente de uno y otro, obtenemos las h/año que nos funcionará la instalación a plena potencia, dando el máximo de lo que es capaz. En el caso de la fotovoltaica, transformando fotones en electricidad y, en el de la solar térmica, transformando radiación en calor útil calentando un fluido calor portador (agua o aceite). Ciertamente, este valor solo es conceptual, porque está claro que al inicio del día la placa empezará captando poco, al mediodía, con el Sol en el punto más alto, producirá su máximo y, ya de cara al anochecer, la instalación irá reduciendo su capacidad de producción al recibir cada vez menos rayos de luz o de calor. Así, en un día de verano muy soleado, la máxima producción posiblemente sea a las 13h del mediodía porque el resto de la jornada la captación irá disminuyendo, pero si calculamos las «horas equivalentes a máxima potencia» ese día nos saldrán 3h. Esto calculado todo el año nos proporciona el indicador de horas equivalentes anuales.

Las horas equivalentes anuales son un indicador calculado muy útil que nos dice las horas al año que la instalación produce a máxima potencia, de acuerdo con la tecnología, la ubicación y la orientación. Si de media en Barcelona o Madrid tenemos 1.300 h/año equivalentes, en el caso de que nuestra instalación nos acabase dando 1.100 h/año equivalentes, sabríamos que la tenemos en situación de desventaja respecto a otras mejor ubicadas dentro de la ciudad. Como referencia, ya hemos avanzado que en otras ciudades tendremos valores diferentes. Así, por ejemplo, en Bilbao, País Vasco, podemos llegar a 1.018 h/año equivalentes, y en Sevilla, Andalucía, a unas 1.500 h/año equivalentes.

¿Cómo sabemos si una instalación está bien o mal orientada? Introducimos ahora los conceptos de azimut y de elevación o altura solar:

El azimut es la desviación, en grados, en la que orientamos la placa respecto a la dirección norte, la elevación es el ángulo que le damos a la placa mirando al cielo respecto al plano horizontal. De este modo, con estos dos ángulos, orientamos la instalación para que reciba la máxima energía del Sol. No siempre es fácil porque el tejado donde colocamos el sistema captador presentará una orientación u otra, o porque no podemos levantar tanto como quisiéramos las placas para que miren todo el año el Sol. Además, podemos orientarlas mirando al Sol de invierno —que va más cercano al horizonte— o al Sol de verano —que presenta una posición mucho más elevada en el cielo. De hecho, hay que pensar cuando queremos sacarle más provecho a la instalación. Así, si queremos aprovechar el máximo Sol de invierno habrá que levantar más las placas, ya que el Sol va más cercano al horizonte (ángulo de inclinación respecto al horizontal de 50°), si queremos sacar mucha energía en verano, entonces orientaremos las placas más planas (ángulo de inclinación respecto al horizontal de 35°) para sacar mayor provecho del Sol alto de verano. Siguiendo los consejos de Aristóteles, que nos decía que el punto medio es la justa medida, a menudo orientamos los paneles con una inclinación de 45°. En conclusión, pues, seamos conscientes de que nunca tendremos bien orientada la placa que está fijada en el tejado: no solo por la inclinación que, como hemos visto, no siempre es la óptima durante la evolución del año en que el Sol lo tenemos ahora más alto, ahora más bajo, sino también porque el azimut va cambiando durante el día. Y es que, como todos sabemos, el Sol sale por el este y se pone por el oeste, pero nuestra placa —fija— mira hacia una dirección

determinada y, por lo tanto, solo estará un rato breve al
día orientada perpendicular al sol y, en consecuencia, re-
cibiendo la máxima radiación. Pero todo esto ya se tiene
en cuenta, de modo que cuando hablamos de horas equivalentes, todos estos inconvenientes quedan incorpora-
dos en el cálculo.

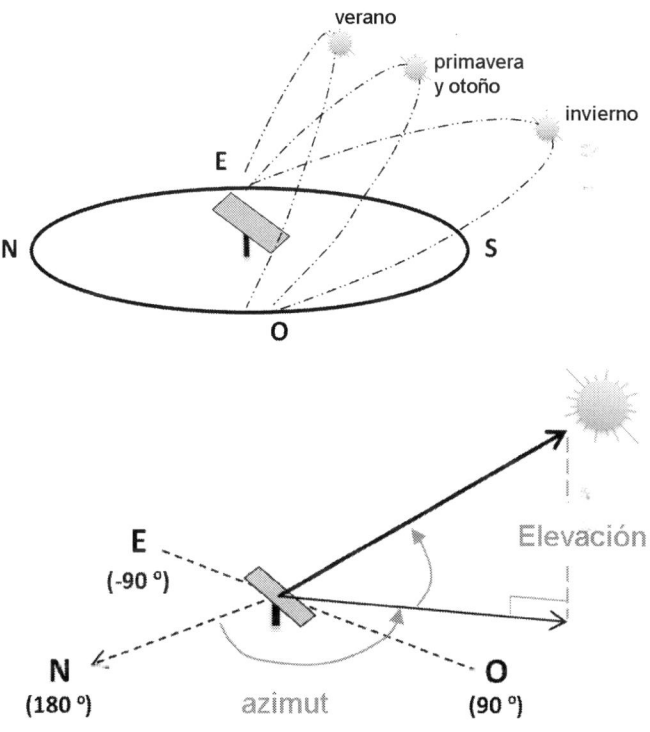

Ilustración 2. Orientación del captador solar —fotovoltaico o
térmico— para poder captar mejor la energía del Sol —luz o
radiación. Fuente: elaboración propia.

En grandes instalaciones, ubicadas en el suelo, destinadas a la producción eléctrica o térmica a gran escala y en las cuales, por lo tanto, se quiere que el aprovechamiento solar sea máximo y si la inversión lo permite, se dota la placa de un motor de manera que, como si fuese un girasol, se va orientando siguiendo el Sol. El dispositivo puede estar dotado de un motor o dos, dependiendo de si queremos variar un ángulo o los dos para ajustar el azimut y la inclinación y hacer un mejor seguimiento del Sol. Cuantos más motores haya en la instalación, más se encarece, tanto en inversión como en mantenimiento, pero también produce más energía al final del año.

Finalmente, un último aspecto a tener en cuenta es la sombra. Aquí tienen un papel importante el ángulo azimut que hemos dado y los objetos que tenemos delante, que irán proyectando sombras sobre la placa de captación. Es evidente que la situación óptima es la de no tener nunca ninguna sombra, pero no es siempre posible. Todo proyecto requiere un cálculo preciso de sombras. Este estudio está hecho por software muy bien diseñado que, cuando indicamos la ubicación en el mapa y los objetos del entorno, proyecta las sombras sobre la placa y durante las 8.760 horas del año, de modo que se puede deducir el nivel de sombra total al final del año. Pero, yendo más allá, hay la necesidad de evitar sombras entre placas que, como hemos dicho, se inclinan para mirar mejor el Sol y, por lo tanto, pueden proyectar sombras ellas mismas sobre las placas de detrás. Por este motivo, hay que distanciar las filas de placas entre ellas.

¿Cómo podemos aprovechar mejor la energía?

Del Sol recibimos luz y calor (en forma de radiación, que son ondas electromagnéticas). Ambas formas de energía son aprovechadas para generar electricidad con fotovoltaica o calor con paneles solares térmicos. Para aprovechar el máximo de energía hay que orientar bien el captador: el azimut es la desviación, en grados, en la que orientamos la placa respecto a la dirección norte, la elevación es el ángulo que le damos a la placa mirando al cielo respecto al horizontal.

Un panel solar estará bien orientado si las horas equivalentes se ajustan a los estándares del territorio donde está ubicado: La normativa española define el número de horas equivalentes de funcionamiento de una instalación de producción de energía eléctrica como el cociente entre la producción neta anual, expresada en kWh, y la potencia nominal de la instalación, expresada en kW.

Las horas equivalentes de cada zona se calculan considerando la ubicación (latitud), la climatología media y una orientación lo más correcta posible. Este valor es una media anual, ya que varía según la época del año y la radiación incidente, que no es la misma en verano que en invierno.

En el Estado español, las horas equivalentes rondan entre valores de 1.232 h/año y 1.753 h/año según la latitud en la que nos encontremos. En Cataluña, las horas equivalentes están alrededor de las 1.300 h/año. Una instalación fotovoltaica ubicada en Andalucía, donde hay mucha radiación anual, y que se va orientando de manera que sigue el Sol, puede llegar a valores de 2.367 h/año.

Cualquier estudio de aprovechamiento solar, y muy especialmente el relativo a la fotovoltaica, requiere un estudio de sombras para optimizar su instalación y acercarnos al máximo a las horas equivalentes medias del lugar en el que se monta la instalación solar.

La tecnología fotovoltaica

La palabra *fotovoltaico* proviene del término griego *phos*, que significa luz, y el término "volt", en relación a la unidad de medida que se usa en electricidad. La primera celda monocristalina capaz de captar la luz y transformarla en electricidad fue desarrollada a mediados de la década de los 40, aunque el efecto fotoeléctrico de los materiales fue descubierto en 1839 por el físico francés Alexandre-Edmond Becquerel. Los primeros usos a nivel industrial los encontramos durante la carrera espacial hacia los años 60. Y, de hecho, incluso antes, porque el Vanguard 1, que fue el primer satélite dotado de 6 celdas fotovoltaicas, data del año 1958. El crecimiento en el uso de placas fotovoltaicas fue casi exponencial desde ese hito. Según la Agencia Internacional de la Energía (IEA), el año 2022 cerró con más de 1.000 GW de capacidad instalados en todo el mundo y cada año se está instalando más y más fotovoltaica.

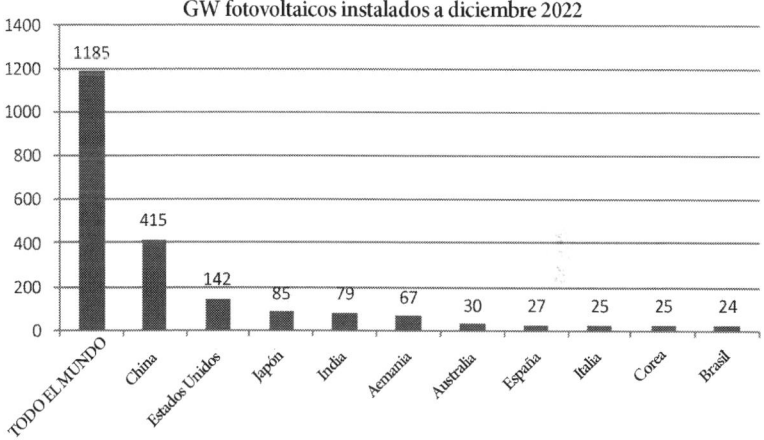

Ilustración 3. Potencia fotovoltaica instalada en el mundo. Fuente: SolarPower Europe e International Energy Agency (IEA).

El proceso de generación se basa en el efecto del fotón de luz sobre el material —normalmente silicio mezclado con fósforo y boro— que provoca la liberación de un electrón (carga negativa) del átomo de silicio, dejando un agujero cargado positivamente. Un electrón libre circulando es electricidad. El boro y el fósforo actúan como elementos dopantes que evitan que el electrón liberado del silicio vaya a ocupar un agujero de otro átomo de silicio que haya perdido su electrón, de manera que el único efecto que obtendríamos sería un calentamiento de la celda fotovoltaica. Los átomos de fósforo y boro impiden este fenómeno combinándose y creando un campo electrostático que mantiene los agujeros con carga positiva separados de los electrones que tienen carga negativa. Así, se ha creado en la celda una zona de agujeros positivos y una de electrones negativos y así es como, teniendo dos zonas con cargas diferentes, los electrones se recogen a través de una barra metálica (llamada barra colectora) y se libran al circuito para dar energía. A continuación, los electrones vuelven a los agujeros positivos. Este proceso se va repitiendo siempre que haya fotones de luz golpeando la placa.

Las placas fotovoltaicas son un conjunto de celdas conectadas una tras otra (en serie) de manera que se va sumando tensión. Desde mediados del siglo pasado, la tecnología ha avanzado mejorando el rendimiento de captación y reduciendo el precio. En la última década, ha habido reducciones de precio por encima del 80%.

Por cada 100 unidades de energía que nos llega del Sol extraemos 20 en forma de electricidad. O, dicho de otro modo, el rendimiento del panel fotovoltaico ronda el 20%. De todos modos, a nivel de laboratorio ya se está trabajando con sistemas solares que llegan casi al 40% de rendimiento. En cualquier caso, estos rendimientos pueden seguir incrementándose, pero no se espera que haya un salto disruptivo.

Una celda individual normalmente presenta una potencia de unos 2 W y entrega la electricidad en corriente continua (CC). A medida que se va conectando con otras celdas, se amplía hasta formar unos módulos o paneles de unos 2 m^2 de superficie. Solo centrándonos en las placas convencionales de dos capas, el rendimiento va mejorando año tras año, porque la tecnología avanza. Así, hace pocos años hablábamos de paneles con una capacidad de producción de 320 W/placa y muy pronto tendremos disponibles paneles de 500 W/placa. En términos generales, sin embargo, el mayor factor limitador para poder obtener mayor rendimiento de celda es la temperatura a la que llegan los paneles, que perjudica la liberación de los electrones. Curiosamente, en verano, cuando la placa recibe más rayos de sol y, por lo tanto, produciría más electricidad, también se calienta más y el aire ambiente cálido del verano no les permite evacuar ese calor fácilmente, de modo que en días especialmente calurosos de verano, el rendimiento está por debajo del esperado de acuerdo con la radiación incidente que recibe.

Existen tres tipos de placas fotovoltaicas: 1) placas con células monocristalinas de silicio (las que presentan mayor eficacia porque están fabricadas a base de láminas de silicio puro), 2) celdas policristalinas de silicio (sensiblemente más económicas pero con menor rendimiento porque están fabricadas a partir de silicio fundido donde aparecen impurezas) y 3) placas de capa fina o amorfa que ocasionalmente podrían usar materiales diferentes del silicio, pero que tienden al desuso porque presentan rendimientos mucho más bajos, aunque, eso sí, son mucho más económicas.

La placa fotovoltaica se monta sobre un cuadro y una base metálica, pero en ocasiones, cuando interesa que la luz cruce la placa, se deja una separación entre las celdas y se usa un cuadro metálico con base de vidrio. Entonces decimos que la placa es vidrio-vidrio. De este modo, la luz atraviesa la placa e ilumina el espacio que hay debajo. Es un sistema utilizado en claraboyas y fachadas. Una característica que hay que conocer de las placas es el tipo de vidrio. Las más sencillas son de vidrio simple, que las hace más frágiles a granizadas o golpes que puedan recibir. Por eso, a menudo se dotan de un vidrio más resistente de más grosor. Entonces hablamos de placas de doble vidrio.

Una novedad de los últimos años es la llamada pintura solar, una pintura a base de dióxido de titanio que se puede proyectar sobre cualquier superficie y presenta propiedades fotoeléctricas, de modo que permite generar electricidad. Presentada en sociedad en 2011 por la Universidad de Notre Dame de los Estados Unidos, se encuentra en fase comercial desde 2018 y presenta, por ahora, un rendimiento muy bajo. Aun así, la tecnología avanza rápidamente y empiezan a salir pinturas que, proyectadas sobre un vidrio de ventana, pueden producir electricidad sin reducir la luz natural que entra en el habitáculo interior.

Los paneles generan electricidad en corriente continua. Las celdas que producen unos 0,5V van todas unidas y constituyen una placa que produce electricidad a una tensión de 12V y 7A. Cabe destacar que cada vez se obtienen mayores tensiones por placa y ahora ya se habla de placas 24V o incluso 48V. En cualquier caso, el principio de funcionamiento es siempre el mismo: como pasa con las celdas que se unen unas a otras en serie para componer una placa fotovoltaica, las mismas placas también se unen las unas a las otras en serie a través de un cable de unos 4 o 6 mm^2 de grosor (que llamamos *string*). Así, cada placa aporta 48V y, uniendo placas, se van sumando tensiones hasta llegar a unos 400V de corriente continua. Este *string* se lleva hasta el inversor, donde se sube la tensión y se convierte en corriente alterna. Y es que para poder usarla en casa o inyectarla en la red eléctrica, donde la electricidad que circula es en forma de corriente alterna, la electricidad producida en la placa en forma de corriente continua debe ser convertida a alterna a una frecuencia de 50 Hz.

Los equipos inversores son equipos sofisticados capaces de gestionar la producción, gestionar baterías que estén conectadas y ayudarnos a visualizar el comportamiento de todo el sistema en una pantalla o directamente en nuestro teléfono móvil. El inversor concentra la inteligencia de todo el sistema y gestiona la producción eléctrica enviándola a casa —como autoconsumo— o a la red eléctrica de la compañía, en forma de excedentes que nos van a retribuir de un modo más o menos justo según la legislación vigente. La potencia del inversor tiene que ser similar a la suma total de potencias que tenemos de placa. La potencia del inversor la llamamos potencia nominal (que notamos como kWn) y la suma de potencias de placa la llamamos potencia pico (kWp). Así, por ejemplo, en una instalación de casa unifamiliar dotada con 11 paneles de 410 W cada uno que suman, por lo tanto, 4,51 kWp, irán conectados a un inversor de 4 kWn (a menudo se considera un inversor con una potencia de un 10-15% inferior al máximo de potencia que puede otorgar el campo fotovoltaico para sacar el máximo provecho al aparato haciendo que trabaje al máximo de carga).

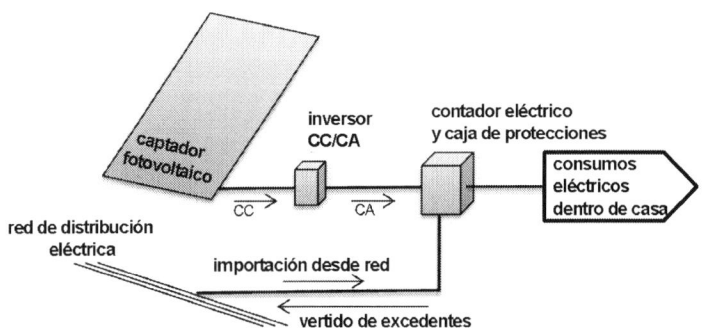

Ilustración 4. Esquema de un sistema fotovoltaico que alimenta una vivienda y vierte la energía excedentaria a la red de la compañía eléctrica. Fuente: elaboración propia.

Cabe decir que el inversor necesita alimentación de la red para empezar a funcionar y que, por lo tanto, no puede estar trabajando de manera aislada. Decimos que una instalación es aislada, o simplemente en isla, cuando una instalación está desvinculada totalmente de la red eléctrica, produciendo su propia energía y autoconsumiéndola de forma instantánea. Decimos que no puede estar en isla porque, para que el inversor empiece a trabajar, necesita una tensión mínima que llamamos tensión de entrada de arranque, a partir de la cual el inversor puede empezar a enviar electricidad que le llega de las placas (en forma de corriente continua) hacia el autoconsumo o hacia la red eléctrica (en forma de corriente alterna). Por lo tanto, en el caso de haber un corte de suministro que proviene de la compañía eléctrica, a pesar de tener placas, nos quedaremos igualmente sin electricidad en la vivienda. La alternativa a esta situación es instalar sistemas de acumulación —baterías—, de modo que en caso de corte puedan reiniciar el inversor otorgándole la energía almacenada y, así, reiniciar el ciclo de producción. En este caso, el inversor es necesariamente más sofisticado, ya que debe poder gestionar este proceso y también el reparto entre consumos, la recarga y descarga de batería y vertido de excedentes a la red. Entonces, el inversor cumple las funciones de gestor y lo llamamos «inversor conmutador», ya que puede alimentarse de la red o de la batería de la misma instalación y, por lo tanto, conmuta entre una entrada y otra.

Estas baterías, todavía hoy, son un poco caras y tienen una vida útil —es decir, un número de ciclos de carga y descarga que puede realizar durante su vida— aún limitada. Ciertamente, las hoy más difundidas baterías de ion de litio pronto quedarán superadas por acumuladores de sal fundida, baterías de estado sólido, de flujo redox o de otros materiales como las de litio Sakuú. Así que, seguramente, aumentará el número de ciclos que podrán darnos durante su vida y también su capacidad —medida en Wh/kg— de almacenaje, que es lo que conocemos como densidad de acumulación. Esta mejora tecnológica nos otorgará una mayor energía almacenada por kilogramo de peso. Hablaremos de las baterías más adelante.

Volviendo al inversor, como todos los dispositivos mecánicos o electrónicos, el inversor también presenta un rendimiento, que quiere decir que no toda la electricidad que le llega se envía al consumo o a la red. A 400 V, un inversor a plena carga presenta rendimientos superiores a los 90%. El resto se pierde en forma de calor en la electrónica del propio inversor.

Hemos explicado que encontramos dos tipos básicos de inversores según el tipo de instalación productora: los destinados a instalaciones aisladas con batería y los que son por autoconsumo con exportación de excedentes o directamente por exportación total de la electricidad producida con la fotovoltaica. Pero en realidad hay muchas tipologías de inversor según las funciones que tenga que prestar, que funcionan en tensiones muy diferentes, o inversores que a partir de una corriente continua de entrada —plana— liberan una onda en corriente alterna que puede ser sinusoidal pura, sinusoidal modificada, cuadrada o cuadrada modulada, según el tipo de onda alterna que se desee. Así, según el tipo de conexión, hay inversores monofásicos o inversores trifásicos. Normalmente, en viviendas usamos inversores monofásicos, ya que la compañía eléctrica nos da electricidad en forma monofásica (una línea de tensión y un neutro) pero, en cambio, en los ámbitos industriales en los que la compañía nos hace llegar tres líneas de tensión (R, S, T) y un neutro (N), hay que colocar inversores trifásicos.

Finalmente, también hay otra clasificación básica: el inversor central o los microinversores. Hasta ahora hemos hablado de los inversores centrales, es decir, aquellos que concentran la corriente que les llega en forma de corriente continua por uno o más cables provenientes (lo que llamamos *strings*), pero hay otra tecnología que son los microinversores. Es decir, un pequeño inversor colocado bajo cada una de las placas que envía directamente corriente alterna a 220V y, por lo tanto, cada placa puede ir directamente enlazada al consumo. Esta tecnología es sensiblemente más cara que la del inversor concentrador, pero presenta ventajas que en ocasiones pueden ser muy interesantes. Hemos dicho que lo más común es enlazar varias placas en serie, de modo que se va recogiendo tensión que va subiendo para acabar enviándola a un inversor centralizado. Imaginemos que una de las placas está afectada por una sombra. Esta placa hace efecto de barrera a la circulación de la corriente, de modo que invalida la tira de celdas conectadas, aunque en las otras caiga un sol radiante. Cuando pasa esto, es decir, cuando hay un riesgo elevado de sombra, hay que independizar las placas entre sí para que la situación de desventaja de una no arrastre la producción del conjunto. Los microinversores, pues, envían electricidad directamente a 220V y solo hay que llevarla a un sistema centralizado de gestión que determina si la producción se envía a los puntos de consumo (autoconsumo) o a la red eléctrica (exportación).

En definitiva, cada instalación merece un estudio específico y hay que escoger el mejor de los inversores para lo que se desee. El inversor es donde está la ciencia de la instalación.

Finalmente, como es lógico en cualquier sistema productor eléctrico, la instalación se dota de sistemas de protección eléctrica y de operación.

¿Qué necesito saber sobre la fotovoltaica?

Las fotovoltaicas son placas que producen electricidad mediante la luz del Sol. Normalmente se colocan diversos paneles que van conectados entre ellos. Producen una corriente continua. El cable (o *string*) se lleva al inversor, que gestiona la producción, la demanda y el vertido de excedentes a la red y convierte la corriente continua en corriente alterna. Una placa de 2 m² de las que se comercializan hoy, año 2023, te aporta 410 Wp, pero pronto las encontraremos de 500 W/m². El precio también baja: de los 6 €/Wp instalados hace solo 15 años, ahora estamos alrededor de 2 €/Wp instalados (impuestos aparte). Para sacarle el máximo partido hay que orientarla bien: pensar si interesa más aprovechar el sol de verano o el de invierno. Lo normal es inclinarlas a 45° respecto del suelo y orientarlas hacia el sur.

¿Y en casa?

Si vives en una casa unifamiliar, piensa en placas con inversor único si no hay riesgo de sombras o con microinversor incorporado en cada placa, en el caso contrario. Las placas con microinversor son un poco más caras, pero se gana en versatilidad. Ajusta la compra de placas a tus necesidades y piensa si necesitas un acumulador, porque en función de eso necesitas un tipo u otro de inversor.

Piénsalo bien al principio, porque el inversor es realmente caro. Tener batería te permite no quedarte sin luz cuando hay cortes de red, al menos hasta que se agote, y permite gestionar mejor tu propia demanda. Tener placas no garantiza tener electricidad disponible cuando hay un corte. Las baterías de hoy son bastante caras. Quizás es mejor esperar un poco. Para una casa de 500 m² puedes necesitar 11 placas (4,5 kWp) y un inversor de 4 kWn si pones batería de 5kWh, la inversión puede llegar a 15.000 € (impuestos aparte).

Si vives en un edificio plurifamiliar, la instalación de una fotovoltaica colectiva puede cubrir los consumos eléctricos de la comunidad (escalera y ascensor) y aún puede quedar electricidad para repartir entre los vecinos, según la ratio acordada entre ellos. El excedente de producción, igual que en el caso de una instalación fotovoltaica individual, se puede verter a la red. La operativa, de facturación y percepción de compensación de consumo por autoproducción renovable, es un tema puramente contable: un cálculo de repartición que realiza la propia distribuidora de acuerdo con las ratios que ha acordado y comunicado la comunidad de vecinos a la empresa distribuidora que, a su vez, lo comunicará al comercializador eléctrico de cada vecino para que aplique los respectivos balances económicos en la factura que percibirá cada vecino.

La tecnología solar térmica

El captador solar térmico tiene por objetivo aprovechar el calor del Sol que nos llega en forma de radiación. El captador es una caja de color oscuro para absorber mejor la radiación, dotada de un vidrio templado —muy resistente a golpes (granizadas)— para poder crear un efecto invernadero en el interior. La forma de energía que aprovechamos es la energía térmica, el calor del Sol, y la aprovechamos para calentar un fluido, habitualmente agua. El uso más conocido es el aprovechamiento del calor del Sol para calentar agua sanitaria (ACS) para una vivienda. De hecho, para el uso doméstico, el sistema permite llegar a más de 100 °C, aunque se limita a unos 70 °C para no estropear los equipos. El sistema es bastante sencillo: por un serpentín embebido dentro de la caja de placa captadora, cuando se calienta con la radiación solar, circula un fluido térmico (agua con anticongelante, como la del radiador del coche) y lo llevamos a un depósito que contiene el agua sanitaria de casa, que cogerá este calor. El fluido va y viene en un circuito cerrado entre la placa y el depósito.

Del mismo modo que pasa en la placa captadora, el fluido circula por un serpentín dentro del depósito, pero ahora cede calor al agua de dentro del depósito y, una vez frío, vuelve al captador y, de nuevo, se calienta para llevar este calor otra vez al depósito y así mientras haya sol que lo caliente o hasta que el agua del depósito llegue a calentarse lo suficiente como para no requerir más temperatura. En ningún caso se mezclan el agua caliente

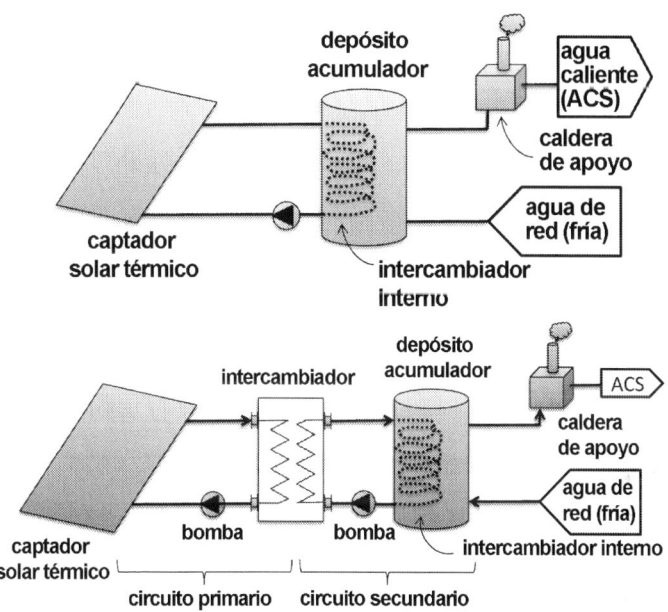

Ilustración 5. Esquema de simple y doble circuito solar térmico abierto y cerrado. Fuente: elaboración propia.

sanitaria que hemos conseguido calentar dentro del depósito y el fluido caloportador, ya que este se mantiene en un circuito cerrado. El agua caliente del depósito se lleva hasta casa, donde se usa. A medida que se usa esta agua, el depósito se irá rellenando con agua fría que proviene de la red de suministro. Como hay una diferencia de densidad entre el agua caliente que hemos conseguido dentro del depósito y el agua fría de entrada, la primera se mantiene en la parte superior del depósito, que se usa para servicios de ACS, mientras que la fría se inyecta por debajo. De todos modos, la diferencia de densidad entre una y otra agua no es suficiente como para que una entrada turbulenta de agua fría no mezcle todo el contenido dentro del depósito y se nos enfríe a las primeras de cambio. Es por eso que, para evitar que el agua fría de entrada enfríe el agua caliente que hay dentro del depósito, se hace una entrada controlada a baja velocidad.

Un aspecto importante a tener en cuenta, especialmente con relación al captador, es la situación en la cual, habiendo llegado a la temperatura de consigna del depósito, ya no hay que calentar más agua. Entonces, el líquido caloportador va tomando temperatura de modo que vuelve a calentar la placa y las conexiones, estropeándolas. Y es que el hecho de tener todo el sistema de distribución siempre lleno de fluido caloportador provoca recalentamientos en verano y heladas en invierno. Una alternativa usada al inicio del uso de la tecnología solar térmica era hacer volver a circular a todas horas el fluido caloportador para evitar heladas en invierno y en verano, además, se accionaba un ventilador para enfriar el fluido y disipar su temperatura excesiva, perdiendo miserablemente el calor en el aire, como si fuese un radiador de coche. Este sistema rudimentario conllevaba pérdidas, ya que necesitaba un sistema de ventilador accionado eléctricamente para disipar el calor y tener siempre el circuito de bombeo de fluido caloportador en marcha. Tanto o más rudimentario que este sistema y en especial cuando en verano preveíamos largas temporadas en desuso, se optaba por simplemente cubrir la placa con una manta para limitar la llegada de radiación. Por suerte todo evoluciona y ahora se utiliza el sistema *drain back*. Este sistema, a diferencia del explicado anteriormente, concentra líquido caloportador y aire dentro del circuito de modo que cuando se para el sistema de impulsión de líquido caloportador, por ejemplo, cuando la placa está demasiado fría como para transferir calor o cuando la temperatura del agua del depósito llega a la consigna de Tmax (por ejemplo, de 70 °C), el sistema de bombeo que impulsa el fluido se para y lo acumula en la parte baja del circuito. El hecho de acumular fluido en la parte baja y dejar aire en el resto del circuito evita que se vuelva a calentar y se queme el captador. De este modo, el sistema queda protegido de heladas y recalentamientos, cosa que alarga sustancialmente la vida de los componentes y evita la instalación de purgadores y la colocación del vaso de expansión.

Volviendo a los principios básicos de la solar térmica, hay que ser consciente de que de este ciclo sencillo que hemos expuesto (captación solar – calentamiento fluido caloportador – calentamiento de otro fluido) derivan infinidad de variantes constructivas, y según el uso al que se destine el agua calentada se puede necesitar mayor o menor volumen de agua y, en consecuencia, habrá que ir acoplando placas en serie, una tras otra, y dimensionando un depósito más o menos grande. Así, se puede querer que el agua se caliente a más o menos temperatura y, en consecuencia, habrá un tipo u otro de captador: un sistema de captador plano, tubos de vacío o un sistema Fresnel (que es como se conoce el captador de espejo parabólico).

Para hacer circular el fluido caloportador se necesita una bomba de impulsión que lo vehicule desde el captador hacia el depósito acumulador y lo devuelva de nuevo al captador. Por lo tanto, es necesaria una alimentación eléctrica. Pero existe un caso muy particular que es el sistema solar térmico de termosifón. Este dispositivo aprovecha el hecho de que el agua caliente tiende a subir y se acumula en un depósito situado en la parte superior de la placa. Por eso se le conoce también como sistema de circulación natural, en contraposición a los que ya hemos explicado, que son de circulación forzada. Cuando se enfría vuelve a bajar y al tocar la placa captadora se recalienta y vuelve a ir hacia arriba, a acumularse en el depósito. Este sistema, que no requiere electricidad, es poco eficiente y es útil solo cuando se requiere poca agua caliente. En cambio, un sistema de placa captadora, circuito primario donde circula el fluido caloportador y depósito acumulador, permite ir acoplando placas, tantas como necesidad de agua caliente haya, y el depósito también puede tener las dimensiones que convenga.

Ocasionalmente, el depósito se dota de un sistema de calentamiento de apoyo (una resistencia eléctrica) para asegurar que siempre hay agua caliente los días no soleados. Pero lo más común es intercalar una caldera, que llamaremos caldera de soporte, de modo que el agua caliente que sale del depósito entra dentro de la caldera, que sube más la temperatura y la envía a los puntos de consumo de la casa. De este modo, no hay problema de falta de agua caliente ni de temperatura. Es evidente que este sistema ya no es totalmente renovable, pero lo es más que lo que se instalaba hasta ahora, ya que, por poco que sea, siempre es mejor que la caldera de soporte de gas caliente el agua que proviene del depósito a, digamos, 30 °C que no que venga directamente de la red de compañía a 15 °C. Y, además, podemos pensar en poner sistemas de apoyo renovables, de modo que la resistencia eléctrica sea activada con electricidad fotovoltaica. También la caldera de agua caliente de apoyo podría ser de biomasa y no de gas...

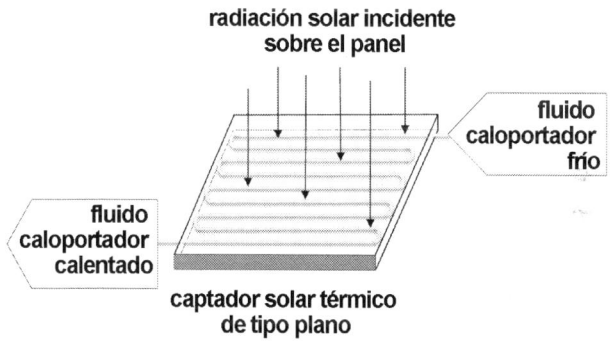

Ilustración 6. Tecnología de aprovechamiento solar térmico de baja temperatura (uso doméstico). Fuente: elaboración propia.

Hasta ahora, hemos visto un sistema muy simple de solar térmica: el típico del sector doméstico para calentar agua caliente sanitaria para una vivienda unifamiliar. Vamos a complicar la situación: 1) la aplicación de la solar térmica para viviendas plurifamiliares, 2) la aplicación de la solar térmica para usos industriales. Eso significa que el sistema térmico renovable debe diseñarse para poder alimentar consumos que requieran temperaturas de 90 °C o más. Y 3) la aplicación de la solar térmica para generar electricidad a gran escala, es decir, calentar agua hasta el punto de ebullición y usar este vapor para turbinarlo y generar electricidad.

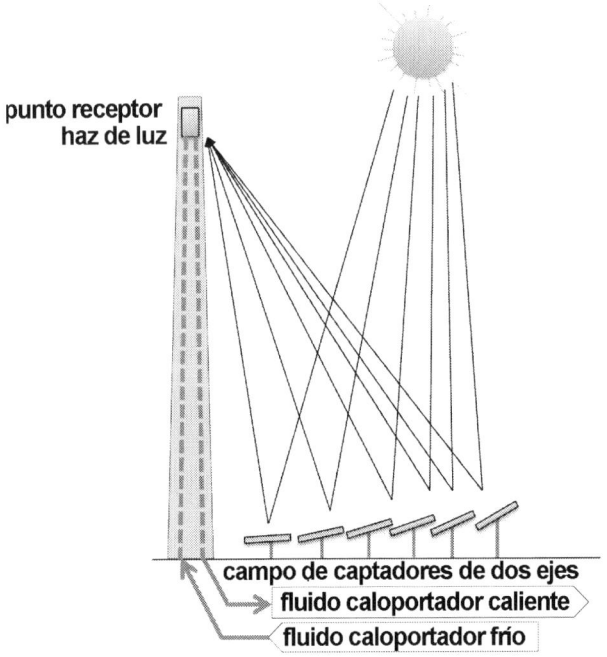

Ilustración 7. Tecnología de aprovechamiento solar térmico de muy alta temperatura. Fuente: elaboración propia.

El sistema de reparto en el caso de agua caliente para diversos pisos complica un poco el diseño, pero mantiene la esencia de calentamiento a través de captador y acumulación en depósito y, a continuación, el agua va hacia los puntos de consumo. Como hay más de una vivienda, a menudo se diseña un circuito intermedio —circuito secundario— que lleva el agua a todos los pisos y, de ahí, un pequeño cambiador en cada piso transfiere el agua del circuito al agua caliente sanitaria que usará cada vecino. Alternativamente, se puede dotar cada vivienda de un pequeño depósito acumulador en lugar de uno centralizado. Ciertamente, hay muchas otras disposiciones con más circuitos intermedios y con o sin cambiadores, pero, al final, se basan en uno de estos dos modelos.

Con relación al uso industrial, a menudo se necesita agua a alta temperatura o incluso vapor. Entonces, la instalación, además de tener unas dimensiones considerablemente superiores, usa sistemas de captación más potentes, como los tubos de vacío, que pueden obtener temperaturas de hasta 90 °C, o los sistemas Fresnel.

Los sistemas de tubo de vacío pueden producir agua caliente a mayor temperatura que los captadores planos y presentan la ventaja de ser, en general, más económicos, pero son mucho más frágiles y menos robustos, especialmente en las juntas de unión, que se degradan con rapidez a causa de los cambios continuos de temperatura a los que son sometidos. Esto hace que su vida útil sea considerablemente inferior respecto a los captadores planos. Estos sistemas requieren un mayor mantenimiento e ir con mucho cuidado en su operación para no dejar nunca los tubos sin circulación de agua.

Los sistemas de Fresnel se basan en el efecto lupa para concentrar los rayos solares sobre un punto. Poco o mucho, seguro que el lector debe haber visto alguna vez un horno solar, en el que unas lentes orientadas convenientemente reflejan los rayos solares concentrándolos sobre una olla en la que se cuece una sopa. Una torre solar con espejos Fresnel industrial es lo mismo aplicado a gran escala y con la posibilidad de llegar a temperaturas altísimas (de hasta 600 °C o más): un conjunto de espejos planos concentra la luz solar sobre un punto hasta el cual

se lleva agua. Estos espejos se mueven siguiendo la verti-
calidad del Sol, de modo que sacan el máximo partido de
las horas de sol. A menudo se usa sal fundida de nitrato
de sodio como fluido caloportador que se bombea desde
el depósito ubicado en la base de la torre hacia el punto
de concentración de calor solar —receptor solar o foco—
donde alcanza altas temperaturas. Este fluido sirve para
calentar agua en una caldera de recuperación en la que
se genera vapor y, de este modo, mediante una turbina
de vapor, se activa un alternador para producir electricidad. De la turbina donde ha entrado vapor sale agua
condensada que se devuelve de nuevo a la caldera de recuperación para volver a ser vaporizada. Con este ciclo
cerrado se genera electricidad mediante la transformación de fase agua-vapor y de nuevo vapor-condensado,
mediante el calor del Sol y el proceso de turbinado. Cabe
decir que la sal fundida presenta el problema de que hay
que mantenerla como mínimo a 300 °C para evitar que
se solidifique, y eso requiere un gasto energético mientras la torre no esté produciendo. En definitiva, con este
sistema tenemos lo que llamamos una instalación termosolar eléctrica útil para producir electricidad a partir de
la radiación solar.

Alternativamente a la torre solar se ha desarrollado
el concentrador de tubo que no llega a tanta temperatura
y usa aceite térmico (hasta 350 °C) o agua recalentada
(hasta unos 500 °C) como fluido caloportador. El principio también es un sistema Fresnel: largas tiras (de entre
20 y 150 m) de vidrios planos que concentran los rayos
sobre un tubo de vacío que discurre longitudinalmente

por los espejos y por donde circula el fluido, que alcanza tcmpcraturas altísimas.

Una variante de este tipo de instalaciones son los concentradores parabólicos que concentran la luz sobre el tubo colocado justo en la línea focal de la superficie reflectante. Los concentradores, igual que los espejos Fresnel, también van virando su orientación mirando siempre el sol. Este sistema presenta mayor rendimiento que el espejo Fresnel (del orden de un 15% más de rendimiento).

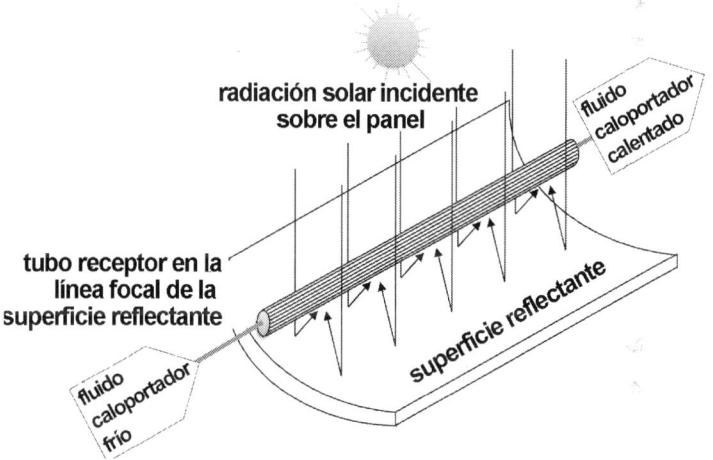

radiación solar incidente
sobre el panel

fluido
caloportador
calentado

tubo receptor en la
línea focal de la
superficie reflectante

superficie reflectante

fluido
caloportador
frío

Ilustración 8. Sistema concentrador parabólico para calentar a alta temperatura. Fuente: elaboración propia.

Una aplicación interesante del concentrador parabólico es la capacidad de las elevadas temperaturas a las que llega el fluido caloportador que produce, para activar un motor Stirling. Inventado por el clérigo e ingeniero escocés Robert Stirling y su hermano también ingeniero

James Stirling en 1827, un motor Stirling es un accionamiento mecánico que funciona a partir de la expansión
y compresión de un gas dentro de un volumen cerrado
que se calienta cíclicamente gracias a la aportación que
recibe del fluido caloportador y se enfría al expandirse y
activar el émbolo dentro del cilindro, cosa que permite
convertir la energía térmica en movimiento útil.

¿Qué necesito saber sobre la ¿Qué instalaciones usamos?

Con el panel solar podemos capturar el calor que
nos llega del Sol para disponer de agua caliente,
aceite, vapor...
Son sistemas bastante eficientes con rendimientos
superiores al 60%. El Instituto para la
Diversificación y ahorro de la Energía (IDAE)
clasifica las instalaciones de captador plano en los
rangos siguientes: 1) inferior a los 7 kW térmicos
(inferiores a 10 m²), 2) entre 7 y 70 kW térmicos y
3) superiores a 70 kW térmicos (más de 100 m²).
En función de esta clasificación, se establecen
configuraciones diferentes de instalación. A nivel
de vivienda unifamiliar nos quedamos en el primer
grupo y en el segundo en el caso plurifamiliar, en
el cual, el sistema centralizado es en términos
generales, más eficiente. A nivel industrial hay
instalaciones de tubo de vacío o sistemas Fresnel
que permiten obtener mayores temperaturas.

La torre solar o el concentrador parabólico son dos ejemplos de solar Fresnel: espejos que concentran el rayo solar en un punto, de forma que se obtienen temperaturas superiores a los 350 °C e incluso se puede llegar a los 600 °C con la torre solar.

¿Y en casa?

A nivel doméstico, lo habitual son los captadores planos. Excepcionalmente, puede haber sistemas de termosifón, pero son muy poco aconsejables y destinados a viviendas en las que no hay suministro eléctrico. Actualmente, los sistemas solares vienen dotados de tecnología *drain back*, que se basa en acumular el fluido caloportador que circula entre la placa y el depósito en la parte inferior evitando que se recaliente y estropee la propia instalación. Los sistemas solares siempre van apoyados por un sistema convencional (normalmente la caldera de gas) que asegura poder llegar a la temperatura de consigna del agua caliente sanitaria (ACS). Esto supone un problema porque, a veces, evita que tomemos conciencia de que el sistema solar térmico funciona, dado que, si hay caldera de gas, nunca nos falta ACS.

Un sistema solar para una casa unifamiliar con una placa y un depósito de acumulación de unos 100 litros puede costar aproximadamente 3.000 € (impuestos aparte), sin incluir la caldera de apoyo.

Lo óptimo sería instalar una solar térmica con apoyo de resistencia eléctrica que se alimente de una placa fotovoltaica, pero encarecerá todo el sistema.

Hay que tomar conciencia de que las instalaciones solares térmicas requieren mantenimiento, como todo.

La energía del viento (eólica)

Cuando hablamos de energía eólica hablamos del proceso de obtener energía a partir de la energía cinética del viento. Este aprovechamiento puede usarse para generar movimiento para alguna actividad o para producir electricidad, que podemos transportar hasta los puntos en los que se usa mediante las redes de transporte y distribución eléctrica. El viento se aprovecha desde hace miles de años para mover los barcos o para trabajos agrícolas (molinos de viento para la molienda o para extraer agua). Pero ahora nos centraremos en su aprovechamiento para generar electricidad.

El ingeniero escocés James Blyth fue el primero en generar electricidad mediante un aerogenerador. Era 1887 y lo construyó para iluminar las bombillas de su casa de campo. La patente es de 1891. Se dice que aprovechando únicamente el 10% de toda la energía del viento, se produciría 20 veces más energía de la que necesitamos los humanos.

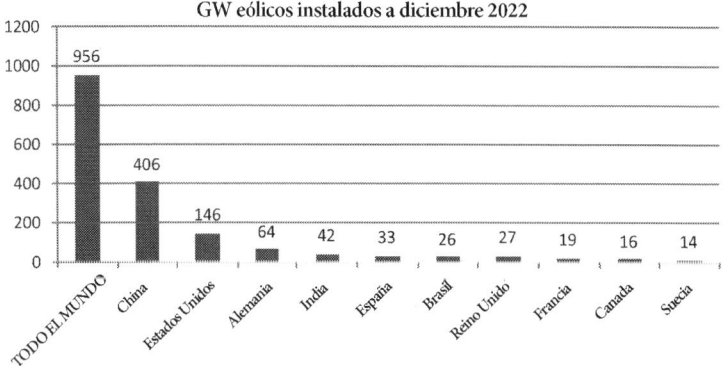

Ilustración 9. Potencia eólica instalada en el mundo. Fuente: WindEurope y World Wind Energy Association.

Según datos de la Agencia Internacional de la Energía Renovable (IRENA), en 2020 ya había instalados 699 GW de eólica terrestre. A este valor hay que añadirle la eólica marina con 34 GW. Así, el 2020 se cerró con un total de 733 GW instalados y una producción de energía eólica de 1.412 TWh.

En 2022, la producción eólica representó la segunda mayor fuente de energía renovable, por detrás de la hidráulica. Es la principal fuente de energía renovable en Europa donde produce un 15% de toda la electricidad generada, el 8,4% en Estados Unidos y representa el 13% de la producción de electricidad en China. En el Estado español, con más de mil parques eólicos en funcionamiento, aporta de mediana un 20% de la electricidad anual.

En 2023, y tomando datos aún provisionales del Consejo Global de la Energía Eólica (Global Wind Energy Council), se calcula que en el mundo ya hay instalados aproximadamente 956 GW de eólica (terrestre y marina). Con esta capacidad instalada se calcula que más del 5% de la energía eléctrica que se produce en el mundo es de origen eólico. Según la Asociación Mundial de Energía Eólica, el Estado español es el quinto país del mundo con más eólica instalada.

Aun así, la Agencia Internacional de la Energía avisa que para cumplir los objetivos de emisiones cero se espera que en 2030 la eólica deberá estar generando 30 veces más energía eléctrica que en 2021 (273 TWh), lo que implica la necesidad mundial de hacer un esfuerzo inversor inmenso —al ritmo de 250 GW nuevos cada año— en nuevas plantas eólicas.

La energía que nos aporta el viento se puede calcular aplicando la fórmula de energía cinética:

$$E = \frac{1}{2} \, m \, v^2$$

E es la energía que nos aporta el viento; m, medido en kg, es la masa de viento que impacta contra las palas y v, medido en m/s, es la velocidad del viento. Sin embargo, no es tan fácil calcular la energía que realmente podemos aprovechar, dado que el aire que atraviesa las palas sigue llevando una velocidad al pasar de largo, de modo que las palas no absorben la totalidad de la energía que contiene el viento. En 1919, el físico alemán Albert Betz calculó que la energía de viento finalmente aprovechada por un molino es solo del 59% de su energía cinética, a partir de la ecuación siguiente:

$$Pot\ máxima = 0,37\ A\ v^3$$

A es la superficie que ocupan las palas y v la velocidad del viento. Además, hay que corregir este valor con el rendimiento que presenta cada tipo de aerogenerador: un valor que a menudo se establece en 0,3. También se ve afectado por la relación entre la velocidad del viento y el giro de las palas. Esta relación, que es el cociente entre la velocidad lineal en la punta de la pala y la velocidad a la que impacta el viento contra el molino, crece a medida que mejora la tecnología. Así, un aerogenerador vertical presenta una relación de 0,5, mientras que un molino de parque eólico da un cociente de 8 o incluso más.

Hay molinos de viento de varios rangos de potencia: desde turbinas eólicas de pocos kW hasta grandes turbinas de 15.000 o más kW de potencia eléctrica. Lógicamente, las dimensiones de una y otra no tienen nada que ver, igual que su uso.

Existen en el mercado tres tipos de aerogeneradores:

1. los generadores eólicos de eje vertical.
2. los generadores eólicos de eje horizontal.
3. los generadores de vórtice o sin aspas.

La tecnología eólica de eje vertical

Conocemos dos tipos de generadores de eje vertical: 1) los verticales de sustentación o Darrieus, en honor a su inventor, el ingeniero francés Georges Jean Marie Darrieus (patente del año 1926), y 2) los de eje vertical de arrastre o Savonius, en honor al ingeniero finés Sigurd J. Savonius (patente, también, del año 1926).

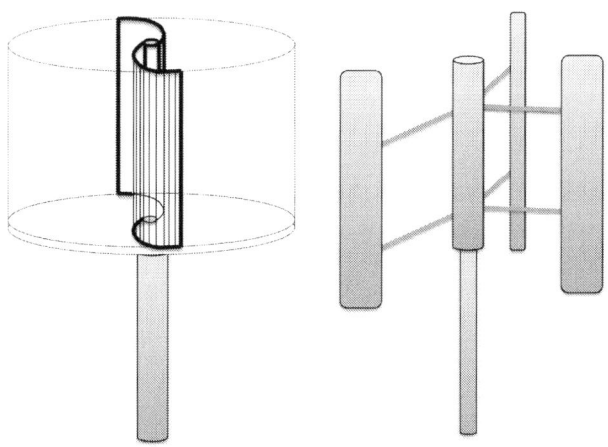

Ilustración 10. Aerogeneradores de eje vertical. Izquierda: de arrastre (Savonius) y derecha: de sustentación (Darrieus). Fuente: elaboración propia.

En cualquier caso, el generador de eje vertical, por el simple hecho de estar siempre alineado con el viento, aprovecha dos fuerzas aerodinámicas que impactan sobre las palas: la fuerza de arrastre que aparece en la dirección del viento y la fuerza de sustentación que toma una dirección perpendicular al viento y que es la fuerza que hace que los aviones se mantengan en el aire. Deriva de esta interacción de fuerzas, un vector resultante que desplaza las palas que, al ir acopladas a un rotor, producen un movimiento rotatorio del eje que, a su vez, unido a un alternador eléctrico ubicado en su base, genera corriente alterna. Así, este tipo de aerogeneradores de diseño robusto aprovechan el viento en sus 360º y aguantan vientos fuertes, de hasta 150-180 km/h. Son más silenciosos que los de eje horizontal, pero presentan rendimientos significativamente menores, aunque queda compensado por el hecho de que no son sensiblemente caros en relación con la energía que acaban sirviendo.

El modelo Darrieus es, como decimos, un aerogenerador de eje vertical compuesto por palas que envuelven un eje vertical. Las palas tienen un diseño plano por un lado y curvado por el otro, de modo que favorece una aceleración del viento. Es lo que llamamos efecto Venturi, que facilita el propio giro de las palas. Las palas que quedan por delante en la dirección del viento son impulsadas, mientras que las palas que quedan detrás provocan una cierta resistencia que es, a pesar de todo, menospreciada. Este tipo de molinos de viento se activan con velocidades inferiores de viento, no requieren ser orientadas en la dirección del viento y en potencias bajas presentan mayor rendimiento que los molinos de eje horizontal. Por este mismo motivo, también son más silenciosos y presentan un coste de mantenimiento inferior. Por el contrario, su estructura a menudo presenta menor estabilidad, sobre todo respecto a su hermano Savonius, el cual no se ve afectado por los vientos turbulentos.

El modelo Savonius también es un aerogenerador de eje vertical formado por un eje al que se acoplan dos palas dotadas de cierta curvatura. Con respecto al diseño inicial, los aerogeneradores Savonius han modificado la disposición de las palas, que se instalan sobrepuestas porque se ha comprobado que así se aumenta sensiblemente la producción. Es un mecanismo que requiere muy poco mantenimiento, pero presenta un rendimiento muy limitado en relación al Darrieus o los molinos de eje horizontal. Actualmente en el mercado hay rotores Savonius que a velocidades de viento de unos 15 a 20 m/s presentan capacidades de potencia de entre 3 y 6 kW. Son modelos bastante grandes.

En definitiva, los generadores de eje vertical son resistentes, bastante lentos, por lo general otorgan potencias bajas —de entre 50 y 200W— y se usan básicamente para bombear agua.

La tecnología eólica de eje horizontal

En el caso del generador de eje horizontal, el viento choca perpendicularmente contra las palas. Son sistemas que se deben orientar necesariamente hacia el viento para poder aprovechar su energía cinética y, por lo tanto, necesitan vientos con dirección lo más estable posible y sobre todo sin rachas. Son los que se instalan de modo más común en el mundo, porque presentan mejores rendimientos y son más económicos en relación a la energía que proveen. Más que los aerogeneradores de eje vertical. Por el contrario, son menos robustos.

Normalmente, se habla de generadores lentos y de generadores rápidos. Un generador eólico rápido presenta un componente en el vector de sustentación mayor que en el de resistencia, cosa que provoca un desplazamiento de la pala.

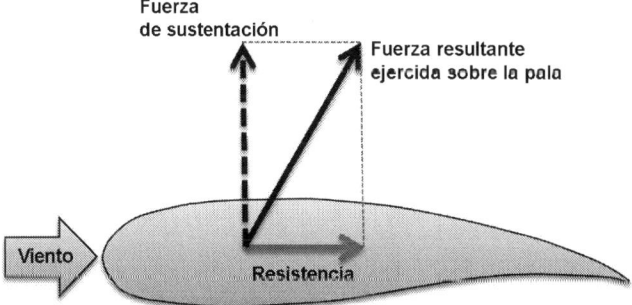

Ilustración 11. Interacción del viento sobre la pala del aerogenerador.
Fuente: elaboración propia.

Los aerogeneradores de eje horizontal de turbina lenta acostumbran a estar formados por un número elevado de palas —entre 12 y 24 palas— y pueden presentar un diámetro de hasta 10 metros. Son los típicos molinos que conocemos para extraer agua del pozo y giran a velocidades bajas. Cuando hablamos de velocidad, no nos referimos a la velocidad de rotación, sino a la relación que hay entre la velocidad del viento y la velocidad lineal a punta de aspa. Estos aerogeneradores funcionan a velocidades bajas de viento —a partir de los 2 m/s— y no soportan velocidades superiores a los 7 m/s. Lógicamente, la potencia del aerogenerador dependerá de la velocidad que reciba del viento, pero cuando se habla de una turbina eólica, siempre se indica el valor de potencia máxima de diseño que puede otorgar.

Los aerogeneradores de eje horizontal de turbina rápida tienen normalmente tres palas (tripala), aunque hay de dos palas (bipala) e incluso de una (monopala). Son los típicos que conocemos de gran generación eléctrica. La cifra de tres palas se explica porque el molino de viento presenta una mejor relación entre mayor velocidad y mejor estabilidad de giro. Se llaman rápidos porque la relación de la velocidad lineal de pala es 10 veces superior a la del viento.

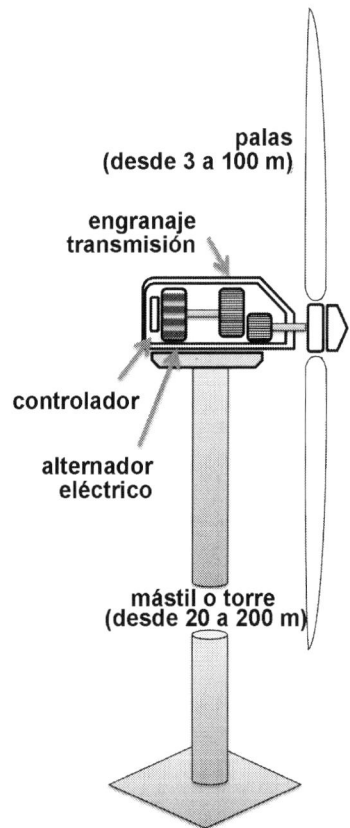

palas
(desde 3 a 100 m)

engranaje
transmisión

controlador

alternador
eléctrico

mástil o torre
(desde 20 a 200 m)

Ilustración 12. Esquema de aerogenerador de eje horizontal. Fuente: elaboración propia.

Este tipo de aerogeneradores están compuestos por 1) la torre o mástil que puede medir desde 3 metros hasta 200 metros de altura, 2) una góndola, que es donde se ubica el tren de potencia con su multiplicador que acelera la velocidad de giro que le llega de las vueltas de las palas (unas 20 vueltas por minuto) al eje motor para poder acoplarse al generador de electricidad a una velocidad alta (unas 1.500 revoluciones por minuto). La góndola también contiene, entonces, todo el sistema de generación eléctrico. La parte más visible es 3) el rotor con las palas que, en términos generales, pueden llegar a medir hasta 100 metros de longitud.

El rango de funcionamiento de este tipo de aerogeneradores se encuentra entre los 5 y 30 m/s. Fuera de este rango o no se activan o ellos mismos se desorientan para protegerse porque el viento demasiado fuerte podría dañarlos. Por eso van dotados de un anemómetro que mide la velocidad del viento, de un panel para orientarlos hacia el viento y el dispositivo orientador formado por un pequeño motor eléctrico que coloca el molino hacia el viento cuando es necesario o lo desorienta cuando hay que pararlo, ya sea por seguridad o simplemente porque no se desea producir electricidad. Los aerogeneradores se pueden orientar a barlovento, es decir, que el viento impacta primero contra las palas y el rotor y luego contra la torre —que es lo más común— o a sotavento, es decir, funcionando en la orientación inversa a la que hemos descrito.

Estos tipos de aerogeneradores son los que presentan mayor potencia y son los usados para la gran generación renovable.

En términos generales, se ha dicho que cualquier molino de eje horizontal incorpora dentro de la góndola un sistema multiplicador. Pero no siempre es así. Existen marcas como Enercon o Siemens que han desarrollado molinos sin multiplicador, que usan un alternador síncrono de imanes permanentes de muchos polos (en ocasiones de hasta 64 polos), que permite prescindir del multiplicador. Esto, además de conllevar una reducción de las dimensiones de la góndola, reduce el coste de mantenimiento, ya que hay menos piezas móviles. Ttambién se gana en eficiencia, puesto que el rotor no tiene que mover todo el sistema de engranajes. Además, permite arrancar a velocidades bajas.

Una noticia de principios de 2023 presenta un aerogenerador de 200 metros de altura y palas de 125 metros de longitud y que otorga una potencia de hasta 16 MW. De fabricación china, está pensado para la eólica marina. Las empresas Vestas o Siemens-Gamesa disponen de turbinas de igual potencia. La eólica marina se espera que funcione unas 4.000 horas equivalentes al año, con lo cual deducimos que la producción de energía de esta turbina puede llegar a ser de 64 GWh/año. Cuanto más alto, los vientos son más fuertes y, en consecuencia, otorgan mayor producción.

Siempre se habla de la potencia máxima que puede otorgar el molino, pero hasta llegar a la potencia nominal máxima es interesante saber que la potencia varía con el cubo de la velocidad. Así, a doble velocidad de viento, el molino otorgará 8 veces más potencia. También es importante saber la densidad del aire, ya que a misma velocidad del aire, cuanta más densidad presente, mejor rendimiento obtendremos de la máquina. Es por eso que siempre hablamos de potencia nominal, en las mejores condiciones, pero el aerogenerador producirá en un rango muy amplio de situaciones, aunque lo hará con menor rendimiento, igual que pasa con un vehículo cuando vamos en una marcha que no es la que toca.

La tecnología ha mejorado mucho en los últimos 40 años. Así, en 1980, las máquinas con potencias que apenas llegaban a 1 MW de potencia nos daban una disponibilidad de funcionamiento de escasamente el 60%. Es decir, transcurrido el año, comprobábamos que los aeros funcionaban solo un 60% de las horas equivalentes esperadas. Hoy hablamos de grandes máquinas y disponibilidades superiores al 98%. También los costes de inversión en estos años se han reducido casi en un 65% y los costes de operación han pasado de los 30 € por cada kWh generado a los 5 €/kWh.

En resumen, los generadores de eje horizontal se mueven en un rango muy amplio de velocidad e igualmente también otorgan un rango muy amplio de potencias (desde pocos vatios hasta los 16 MW).

La tecnología eólica de vórtice

Los generadores eólicos de vórtice o de oscilación sin aspas se basan en el efecto que crea el viento cuando sopla a través de una estructura generando un espacio de presión baja en el lado sotavento de la estructura. De este modo, se crea una fuerza fluctuante que actúa perpendicularmente a la dirección del viento, lo que provoca que la estructura vertical oscile. Este movimiento en la base se aprovecha para crear electricidad. Esta tecnología está en plena fase de desarrollo. A fecha de escritura de este libro, este tipo de molinos poco invasivos y de altura limitada obtienen por ahora poca energía del aire. Así, de un campo de 250 generadores de vórtice, hoy apenas otorgarían la energía que aporta un solo molino de grandes dimensiones de eje horizontal.

La disposición de los molinos

Ahora conviene hacer un breve análisis sobre la disposición de los aerogeneradores sobre el terreno y el mar. La ubicación de los molinos no es trivial, porque unos molinos pueden hacer «sombra» a los que tiene al lado. De hecho, nos referimos al hecho de que el viento, cuando ha atravesado el molino, sufre un desvío del flujo, unas turbulencias llamadas de Von Kármán que molestan al molino vecino. Estas turbulencias son un efecto que sufre el flujo de aire y que fue descubierto por el ingeniero de origen húngaro emigrado a los Estados Unidos, Theodore von Kármán. El efecto consiste en la aparición de remolinos cuando un fluido atraviesa una estructura (principio que usa precisamente el molino de vórtice, explicado anteriormente).

Por lo tanto, es necesario dejar una distancia determinada entre un molino y otro para que el efecto se minimice y, consecuentemente, hay que calcular su ubicación en función del viento predominante y evitando interferencias entre los molinos.

Antes de empezar un proyecto de parque eólico es indispensable conocer los vientos. Es por eso que los promotores eólicos están como mínimo un año tomando registros de viento a diferentes alturas: 10, 20 y 40 m son las alturas habituales de medida. Por encima de estas alturas se mide con láser (tecnología LIDAR). El objetivo es conocer su intensidad y su dirección. La toma de datos se hace mediante una torre de medida en la que se instalan anemómetros a diferentes alturas. La información captada se transmite por teléfono a la oficina, donde se procesa. Antes de los teléfonos, la información se almacenaba en el propio anemómetro y había que ir a descargar la información subiendo a la torre con el ordenador portátil. Al conocer en cada altura determinada la rosa de los vientos y su intensidad de forma precisa, se puede proyectar el parque que obtenga un mejor rendimiento del recurso considerando la altura del palo y la longitud de la pala, la disposición de los molinos en el espacio asignado y la potencia de la turbina. En el ámbito marítimo, el estudio de viento se extrae de las proyecciones que los servicios meteorológicos ponen a disposición de los interesados.

Al conocer los vientos, se estudia la ubicación de los generadores que, en el caso terrestre, queda fuertemente condicionada por la orografía del entorno. Este aspecto, evidentemente, no es relevante en los parques ubicados en el mar. La disposición de los molinos solo queda limitada, por un lado, por el entorno acotado al que hay que circunscribir los molinos de acuerdo con el ámbito marítimo, determinado por el plan de ordenación del espacio marítimo estatal (POEM) y, por el otro, por los efectos de sombra que unos molinos puedan provocar sobre sus vecinos.

La tecnología eólica marina

La eólica terrestre se llama parque *on-shore* y la marina, eólica *off-shore*. La eólica marina en Europa, a fecha de escritura del libro, representa el 12% de toda la eólica instalada, pero el gran número de proyectos en tramitación seguramente dejará este porcentaje rápidamente obsoleto. A nivel mundial el porcentaje es menor: alrededor del 7%. China es la primera del ranking, con casi 20 GW instalados, y en Europa se prevé que se instalen 30 GW nuevos en los próximos tres años y, según datos de *WindEurope*, hasta 450 GW de aquí a 2050.

Los nuevos parques eólicos marinos están constituidos por máquinas de 15 MW de potencia de unos 200 metros de altura y palas de más de 50 m. Escocia es hoy el país que más apuesta por esta tecnología y ahora tiene en marcha proyectos que suman 10.000 MW eólicos.

En el caso de la eólica marina, no solo importa el recurso eólico, sino también la profundidad del mar y, evidentemente, como siempre, todos los aspectos ambientales, igual que en el caso de los parques eólicos terrestres. Según la profundidad del fondo marino, el tipo de sustentación de los molinos varía: así, hay molinos flotantes que van anclados al fondo marino, en el caso de profundidades superiores al centenar de metros, y hay fijos sustentados mediante cimentación fija. La eólica marina flotante permite ir mar adentro, donde el recurso eólico es mucho más elevado. Se calcula que actualmente casi llegamos a los 60 GW de eólica flotante. Destaca como ejemplo el parque noruego de Hywind Tampen, de 88 MW, anclado a 300 m de profundidad.

Saber más sobre la energía eólica

La eólica pensada para producir electricidad empezó a caminar en 1887 con el invento del ingeniero escocés James Blyth.

En enero de 2023, ya funcionaban 956 GW de eólica en todo el mundo. Un 7% está situada en el mar (eólica *off-shore*).

Hay tres tecnologías eólicas: 1) los generadores eólicos de eje vertical (de sustentación o Darrieus y de arrastre o Savonius), 2) los generadores eólicos de eje horizontal (de turbina lenta o de turbina rápida) y 3) los de vórtice u oscilación sin aspas. Los generadores de eje vertical son resistentes, bastante lentos, otorgan potencias bajas —de entre 50 y 200W— y se usan básicamente para bombear agua. Los generadores de eje horizontal se mueven en un rango muy amplio de velocidad de viento e igualmente también otorgan un rango muy amplio de potencias (desde pocos vatios hasta los 16 MW). La disposición de los molinos evidentemente depende del grado de recurso eólico, del espacio disponible donde ubicarlos y del hecho de que unos molinos no hagan "sombra" a los de al lado por efecto de las turbulencias de Von Kármán.

¿Y en casa?

A nivel doméstico, la minieólica no está muy desarrollada, al menos en nuestro país. En Alemania, por el contrario, empieza a ser habitual adquirir un molino para autoproveerse. Es tan común que en algunas zonas empiezan a surgir conflictos entre vecinos porque unos molinos hacen "sombra" a los del vecino. El recurso minieólico en el Estado español no es muy bueno en general y la tecnología, a fecha de 2023, no está lo suficiente avanzada como para aprovechar nuestros vientos de velocidad baja. Asimismo, el hecho de competir contra la fotovoltaica, en un país tan soleado como el nuestro, lo sitúa en una posición de coste inversión vs. Producción, muy inferior a la fotovoltaica, que resulta más económica y de mayor producción anual.

Cataluña fue pionera en el Estado en energía eólica. El primer molino eólico (10 de marzo de 1984) se implantó en Vilopriu y era una turbina de 150 kW. Pero el primer parque formado por 5 aerogeneradores, de 24 kW cada uno, fue inaugurado el 9 de abril de 1984 en Garriguella. Actualmente, este parque está desmantelado.

Hacia los años 80, se constituyó una empresa de carácter cooperativo, pionera en eólica, que diseñó e implantó los primeros aerogeneradores del Estado e incluso los comercializaba en el resto del mundo. El aerogenerador Ecotècnia de 30 metros de altura y palas de 14 m fue el primero de la marca y otorgaba hasta 225 kW de potencia. Era el año 1988. A pesar de que tecnológicamente fue una empresa pionera que abrió camino en la renovable de manera que Cataluña podría haber sido líder en la tecnología renovable, por desgracia recibió poco apoyo institucional, de modo que terminó siendo adquirida por la cooperativa Mondragón y, posteriormente, por la empresa francesa Alstom (que finalmente la traspasó a la norteamericana General Electric).

La energía del agua (hidráulica y minihidráulica)

El aprovechamiento del recurso hídrico es también una de las maneras más antiguas de sacar provecho de la energía que nos da el agua. Hay indicios de que el aprovechamiento del agua para usos más allá del riego se remonta a los sumerios y, posteriormente, se sabe que los griegos disponían de norias para activar mecanismos para la agricultura. El agua aporta dos formas de energía: 1) la energía cinética relacionada con la velocidad que lleva el agua y 2) la energía potencial relacionada con la altura del agua respecto a un punto de referencia. Así, podemos obtener energía útil de una corriente o de un salto de agua, de modo que en función de cuál sea la disponibilidad del recurso, se instala un tipo de sistema de aprovechamiento de su energía u otro: desde una rueda hidráulica hasta una turbomáquina. El principio de la generación hidráulica es aprovechar la energía del agua para mover la rueda o la turbina que, acoplada a un eje, transmite fuerza hacia un mecanismo.

La rueda hidráulica es el sistema de aprovechamiento más antiguo. Se usa desde que la inventaron los griegos, pero se extendió sobre todo durante la Edad Media. Las ruedas giran lentamente, no a más de 30 revoluciones por minuto (rpm), dependiendo del modelo, de modo que se usan para trabajos mecánicos, no para la generación de electricidad. A medida que el conocimiento tecnológico ha avanzado, se han ido aplicando mejoras a las ruedas hasta aumentar sustancialmente su rendimiento. Hoy hablamos de turbinas hidráulicas. Unos mecanismos que giran a alta velocidad empujados por el agua y que el ingeniero francés Claude Burdin (1788 - 1873) nombró de este modo inspirándose en el término griego τύρβη que significa «giro».

La turbina, que, de hecho, es una rueda de palas que evolucionó para ser acoplada a un alternador, es apropiada para producir electricidad. El eje del rodete, que gira a altas velocidades (por encima de los 1.000 rpm), se acopla a un alternador para generar electricidad en corriente alterna. La primera turbina hidráulica moderna se atribuye al discípulo de Burdin y también ingeniero, Benoît Fourneyron (patente del año 1832), que la implantó para un uso comercial en una industria metalúrgica de la localidad de Pont-sur-l'Ognon. De todas formas, su primer prototipo data de 1927 y otorgaba una potencia de 4,5 kW.

Hay que distinguir entre la gran hidráulica, destinada a generar electricidad a gran escala, y la minihidráulica, que nació para cubrir el autoconsumo propio de la industria a la que estaba asociada o al alumbrado de un pequeño núcleo de edificaciones. En el caso de la gran hidráulica, hablamos de potencias a nivel de MW, la más grande del mundo es la central de las Tres Gargantas en China (22.500 MW). En cambio, en el rango de la minihidráulica hablamos de potencias de magnitudes de kW y, como mucho, algún MW. En todo el Estado español, según el Registro administrativo de instalaciones de producción adscritas al régimen especial, a fecha de 2023, hay censados 1.507 MW de potencia. A menudo se destinaban a aprovechar el movimiento mecánico para la agricultura o la industria textil o papelera, más que para la electricidad. Actualmente, sin embargo, casi todas las hidráulicas, sean grandes o sean minihidráulicas, se utilizan para producir electricidad.

La hidráulica es, de todas las renovables, la primera del mundo con una capacidad de producción de casi 2.000 GW, por delante de la fotovoltaica y la eólica y muy lejos de la biomasa y la geotermia. Y seguirá creciendo, dado que la Agencia Internacional de la Energía calcula que en los próximos siete años la potencia hidroeléctrica

aumentará en un 17%. Aun así, según el mismo orga-
nismo, solo estaremos explotando la mitad del recurso
potencial que podríamos extraer de la hidráulica en todas sus formas: 1) hidráulica de embalse (que son las de
regulación), 2) hidráulica de agua fluyente (sin embalse y
más propia de la minihidráulica) y 3) hidráulica de bombeo o reversible.

La energía que contiene el agua depende de la altura
en la que se encuentre respecto al punto donde colocare-
mos la turbina y el caudal de agua del que disponemos.
Así, la energía que se puede extraer del agua se calcula
combinando la energía potencial que lleva el agua (es
decir, la altura desde la que cae), la energía cinética que
lleva (es decir, la velocidad que lleva) y la energía por
presión que ejerce el agua a causa de su propio peso.

Al final, considerando toda la energía que lleva el
agua y contraponiéndolo con la potencia mecánica que
acabamos extrayendo, un sistema hidráulico presenta un
rendimiento muy alto, de aproximadamente un 90%. De
todos modos, si el aprovechamiento de energía hídrica
está destinado a producir electricidad, este rendimiento
decae y por eso es recomendable usar la fuerza hidráulica
para mover mecanismos, más que para generar electricidad. Si con la fuerza mecánica movemos un alternador,
especialmente en el caso de la minihidráulica, podemos
llegar a perder hasta un 15% de rendimiento. En cualquier caso, el rendimiento siempre es variable, porque
depende del caudal que impacta contra la turbina y del
salto que lleva el agua. El salto se sabe, pero el caudal
oscila a lo largo del tiempo. Por eso se dice que las tur-

binas funcionan en determinados rangos de caudal. Por encima o por debajo del valor de diseño, igual que cuando el viento impacta contra un molino eólico que puede estropear el aparato, la turbina hidráulica tampoco opera correctamente.

Para hacer este aprovechamiento que contiene el agua, los humanos hemos tenido que intervenir sobre el flujo para poder dominarlo. Pocas veces hay una turbina instalada directamente sobre el flujo natural. Y es que, ya sea por la necesidad de construcción de pantanos que acumulan y almacenan el recurso hídrico, o por la construcción de canalizaciones que vehiculen el recurso desde la captación superior hasta la base de la turbina (el caso del salto hidráulico), siempre hay que hacer obra para aprovechar el agua que discurre por la naturaleza.

Las turbobombas se clasifican según si son 1) turbina de acción (o de impulso) cuando el fluido no varía su presión de manera importante al cruzar el rodete porque se aprovecha la velocidad que lleva el agua o 2) turbina de reacción, completamente sumergida, y donde el agua pierde presión de forma significativa porque la aprovecha la turbina.

Pero, de hecho, lo más habitual es clasificar las turbinas, no por cómo ataca el agua la turbobomba, sino según el tipo de rodete que se instala. Y, concretamente, se usa el nombre de su inventor para clasificarlas. Así, hablaremos de turbinas:

- Pelton
- Turgo, Ossberger / Bánki-Michell

- Kaplan (un tipo de turbina de hélice)
- Francis

Veámoslas:

Ruedas y turbinas para aprovechar la energía del agua

La rueda hidráulica

Básicamente destinada a trasladar la energía del agua hacia un movimiento mecánico, es un sistema muy resistente y admite variaciones del caudal, cosa que la hace muy versátil. Su baja velocidad de giro las hace inviables para la generación eléctrica. La conexión entre rueda y movimiento útil (molino de molienda, industria papelera o textil, etc.) nunca es directa, sino que se hace a través de unos engranajes que multiplican la velocidad de giro del mecanismo que aporta la energía mecánica a la industria.

Conocemos dos tipos de ruedas hidráulicas: 1) las que el agua entra por la parte superior de la rueda, de modo que el peso del agua hace caer la rueda (llamadas ruedas de flujo superior) y 2) las que el agua ataca por la parte inferior y "empuja" la rueda de abajo hacia arriba (y las llamamos de flujo inferior). Las ruedas de flujo superior presentan rendimientos bastante buenos del 75% y son muy útiles en saltos de hasta 10 m pero caudales muy reducidos. Los rendimientos de la rueda de flujo inferior, en cambio, son muy bajos, solo del 10%, pero son ruedas muy útiles para caudales importantes. Por suerte, el ingeniero francés Jean-Victor Poncelet (1788 - 1867) mejoró el diseño de la rueda de flujo inferior, obteniendo así rendimientos de hasta el 70%. Poncelet dotó las palas de la rueda de una cierta curvatura y, sobre todo, dotó el sistema de entrada de un dispositivo —de hecho, una compuerta inclinada 60°— que aceleraba la entrada de agua, optimizando muy sustancialmente el rendimiento global de la rueda.

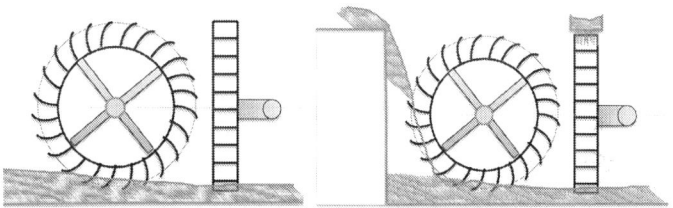

Ilustración 13. Vista lateral y frontal de rueda hidráulica de flujo superior (izquierda) y de flujo inferior (derecha). Fuente: elaboración propia.

La turbina Pelton y la turbina Turgo

Cuando tenemos un salto de agua importante y poco caudal y, por lo tanto, queremos aprovechar la energía potencial que contiene el agua, se instala una turbina tipo Pelton, que recibe el nombre en honor a su inventor norteamericano Lester Allan Pelton (1829 - 1908), minero de profesión. La Pelton es una turbina de una sola rueda, que aprovecha la fuerza del agua que, al caer, impacta tangencialmente contra ella, moviendo las palas que tienen forma cóncava. Los álabes se llaman cucharas, a causa de su concavidad tan pronunciada. Y, de hecho, cuando el agua ha impactado contra la pala, sale hacia atrás por donde ha venido (ángulo de salida de 180°).

Es una turbobomba muy eficiente que presenta rendimientos del 90% y, a pesar de operar en caudales limitados, admite bien la variabilidad del caudal de llegada. Es una turbina de acción porque no interfiere significativamente en la presión que lleva el agua y es la que más se parece a las ruedas históricas de los molinos de agua. Una variante para saltos de menor desnivel es la turbina Turgo, que es una turbina hidráulica de acción como la Pelton, cuyo rodete está partido por la mitad (imaginemos las palas de la Pelton partidas por la mitad, de modo que el agua pasa entre ellas y golpea por cada lado una y otra pala). Es de diámetro inferior que la Pelton, para poder otorgar la misma potencia. Es de fabricación más económica y de mantenimiento menos costoso, también.

La turbina Osseberger/Bánki-Michell

Es una turbina patentada por el ingeniero australiano Anthony Michell en 1903 que se caracteriza por ser una turbina de flujo cruzado o transversal, de modo que el flujo de agua ataca transversalmente el rodete, fluyendo por el exterior y accediendo al interior cruzándolo en diagonal. El invento parte de la evolución de la rueda de eje horizontal. Posteriormente, durante los años de la primera gran guerra mundial, el ingeniero húngaro Donát Bánki (1859 - 1922) evolucionó su diseño. Funciona a velocidad reducida y, por lo tanto, sirve para aprovechamientos hidroeléctricos muy limitados, pero, en cambio, admite caudales importantes. El rendimiento de este tipo de turbina ronda el 70%. Así pues, es inferior a las otras turbinas, pero es más económica en inversión y mantenimiento y es la más versátil de todas, ya que puede trabajar con variaciones importantes de caudal. La tecnología ha evolucionado bastante y hoy existen en el mercado turbinas Bánki de hasta 5 MW eléctricos.

La turbina Kaplan

Cuando tenemos poco desnivel, pero disponemos de un flujo caudaloso con velocidades de agua lentas, lo más apropiado son las turbinas Kaplan. Son turbinas de reacción que fueron inventadas por el ingeniero austríaco Viktor Kaplan, que en 1918 instaló su primer prototipo para prestar servicio a una industria textil. El fluido entra axialmente y gira las palas. Es exactamente lo contrario de lo que hace la hélice de un barco, que al girar, impulsa la nave a través del agua. Por eso se llaman turbinas axiales de reacción. Las Kaplan, a pesar de no admitir mucho desnivel (máximo 30 m, aunque normalmente no superan los 10 m), presentan la virtud de poder adaptarse al flujo que reciben, ya que las palas pueden variar el ángulo para afrontar la llegada del agua y sacarle el máximo de energía posible. Una variante sencilla de las Kaplan son las turbinas de hélice, que se caracterizan por tener las palas fijadas al rodete en un ángulo determinado que se mantiene invariable.

La turbina Francis

Las turbinas Francis, desarrolladas por el ingeniero británico James Bicheno Francis en 1855, sirven para generar electricidad cuando tenemos una corriente de agua con una cierta energía potencial y cinética. Viene a ser un caso intermedio entre el salto de agua, en el que usamos una Pelton, y el flujo caudaloso, en el que usamos una Kaplan. También presenta buenos rendimientos — del 90%— y es muy versátil, ya que permite rangos amplios de caudal y de salto. La Francis es una turbina de flujo mixto y de reacción. El agua la ataca en dirección radial y sale por el eje a 90°.

Una vez vista la clasificación, a partir de aquí todo son variantes según las dimensiones de los álabes, el rodete, el ángulo de ataque, etc. Básicamente, la elección de una u otra tecnología depende, como hemos visto, del caudal que podamos aprovechar, salto o desnivel, de las condiciones del agua, del objetivo por el cual queremos aprovechar la energía del agua y de los costes de inversión y de mantenimiento que podamos asumir.

TIPOLOGÍA	MODELO
Ruedas	- Eje vertical
	- Eje horizontal flujo superior o sobreimpulso
	- Eje horizontal flujo inferior (rueda Poncelet)
Acción o impulsión	- Pelton
	- Turgo
	- Osseberger/Bánki-Michell
Reacción	- Francis
	- Hélice Semi-Kaplan
	- Hélice Kaplan

Tabla 2. Resumen de sistemas de aprovechamiento hidráulico y rangos de operación. Fuente: elaboración propia.

Centrales hidroeléctricas

La hidroeléctrica de agua fluyente

Las centrales de agua fluyente generan tanta o tan poca electricidad como caudal haya disponible. Son las que aprovechan la corriente del río, no de forma directa, sino a través de un canal que se alimenta desde una pequeña presa que deriva el agua hacia el canal y la acumula en una cámara que cumple las funciones de pequeño almacén para que le llegue a la turbina un caudal estable. De esta cámara hasta la turbina, el agua baja por una tubería transformando la energía potencial que lleva en energía cinética, que transmitirá a la turbina situada al final.

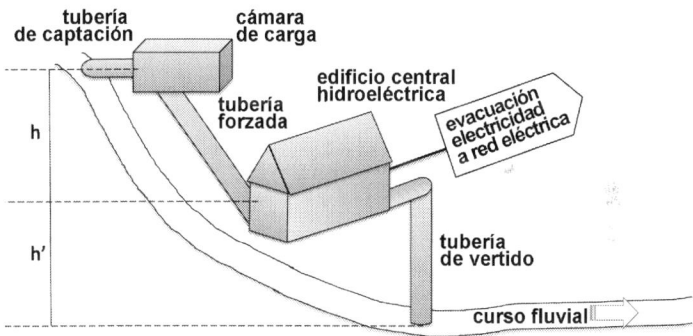

Ilustración 14. Central de agua fluyente con el canal de derivación. Fuente: elaboración propia a partir de publicación ICAEN.

La hidroeléctrica de regulación o embalse

La central de regulación es la típica que conocemos de las grandes presas y embalses. Son centrales extraordinariamente importantes para el sistema eléctrico, no solo porque acumulan energía para cuando sea necesaria, sino también porque estabilizan el sistema eléctrico nacional. Las centrales nucleares son centrales estables con una casi imposibilidad total de regulación. Funcionan todo o nada. Ciertamente, hay margen, pero son de reacción muy lenta. Si se necesita más o menos potencia, la nuclear debe prepararse antes para llegar a la nueva consigna. Las centrales de ciclo combinado, las que generan electricidad a partir de la combustión de gas, presentan mucho más margen de regulación. Así, en cuestión de minutos puede variar su régimen de funcionamiento y dar cumplimiento a las nuevas necesidades de generación. Pero las centrales hidroeléctricas reaccionan en segundos, cubriendo bajadas o subidas instantáneas de demanda eléctrica. Esta capacidad de regulación es propia de las grandes hidroeléctricas y resulta imprescindible para el sistema eléctrico.

La hidráulica reversible o de bombeo

Son centrales también muy útiles en el sistema eléctrico por la función que asumen de regulación de la intermitencia de otras renovables (especialmente eólica y fotovoltaica) que aportan energía de forma irregular (cosa que no debemos confundir con imprevisible o no gestionable), en términos de generación diaria o a nivel horario. Estas centrales turbinan agua cuando se necesita electricidad y, cuando el sistema eléctrico recibe un exceso de generación de otros sistemas de producción nacional, bombean agua de la base hacia la cabecera. Así, el sistema de una hidráulica reversible o de bombeo está formado por el embalse superior o de cabecera, el canal de conducción hasta la turbinación/bombeo, conducciones de desguace y el embalse inferior o base donde se acumula el agua ya turbinada y de donde se recoge para bombearla, cuando interesa, de nuevo hacia arriba. Este ir y venir del agua, aprovechando su energía potencial para generar electricidad y acumulándola abajo para bombearla cuando sea necesario y reponerla en la reserva superior, es en esencia un sistema de acumulación de energía, una gran batería de energía que ayuda a casar la demanda de electricidad y la oferta excedentaria de renovable.

En algunos casos, el embalse de cabecera recibe aportación de agua que proviene de una corriente natural; en este caso, lo llamaremos bombeo mixto, otramente nos referimos a la central de bombeo como pura.

En estas centrales, las propias turbinas, que invierten el sentido de giro de las palas, cumplen las funciones de motobomba, elevando el agua.

La minihidráulica

Son instalaciones de mediana y pequeña potencia que replican la hidráulica a menor escala. Se considera que una planta es de categoría minihidráulica cuando su potencia eléctrica es inferior a los 10 MW de potencia (que, sea dicho, 10 MW ya es bastante de por sí). Actualmente, la mayoría se destinan a generar electricidad para el autoconsumo. Por eso a menudo se las llama minihidroeléctricas. En 1960, en el Estado español había 1.740 centrales que sumaban unos 2 GW. Dada la necesidad de hacer una transición energética ambiciosa y rápida hacia un modelo renovable, estamos obligados a reevaluar todos los recursos renovables disponibles. Por este motivo, se espera que el número de MW hidráulicos crezca tras años de ir perdiendo potencia por el abandono de las pequeñas centrales. Fue la fuente principal de energía desde finales del siglo XIX, ya que es una tecnología sencilla que solo requiere disponer de un flujo regular de agua. En Europa, los estados de Italia (3.208 MW), Francia (2.065 MW), España (1.953 MW), seguidos de Alemania y Austria (ambos con aproximadamente 1.300 MW instalados) son los países que disponen de mayor potencia minihidroeléctrica instalada.

¿Cómo transformamos la energía del agua en otras formas que nos sean útiles?

El aprovechamiento del agua es de las formas más antiguas de sacar provecho de una fuente renovable. Aprovechamos la energía cinética y potencial que lleva para generar movimiento mecánico (con las ruedas hidráulicas) o producir electricidad (con las turbobombas). La rueda gira lentamente y presenta un rendimiento moderado. Las hay que se activan con el agua entrando desde arriba (rueda de flujo superior) o atacando la rueda desde abajo (rueda de flujo inferior, que Poncelet mejoró para incrementar su rendimiento).

Tenemos muchos tipos de turbobombas, pero son variantes de las turbinas base: Pelton, Turgo, Ossberger/Bánki-Michell, Kaplan (un tipo de turbina de hélice) y Francis. La elección de una u otra tecnología depende, como hemos visto, del caudal que podemos aprovechar, salto o desnivel, de las condiciones del agua, del objetivo por el cual queremos aprovechar la energía del agua y de los costes de inversión y de mantenimiento que podemos asumir.

Tenemos diversos tipos de centrales de producción eléctrica en función de la actividad que desarrollan dentro del sistema eléctrico, pero también de su arquitectura que viene dada por la disponibilidad del recurso natural:

- hidroeléctrica de agua fluyente,
- hidroeléctrica de regulación o embalse,
- hidráulica reversible o de bombeo.

¿Y en casa?

Las centrales minihidráulicas son las propias del sector industrial. Desarrolladas con capital privado del empresario industrial, eran operadas como una parte más de la industria. Ahora, con la transición energética, se están intentando recuperar para aprovechar todo el recurso hidráulico del país.

Todas las hidráulicas, sean grandes o minihidráulicas, disponen de un permiso concesionado por la administración que les permite usar el agua para producir. De todos modos, esta concesión queda condicionada por un determinado uso del recurso hídrico de acuerdo con criterios de sostenibilidad ambiental que determina un valor de caudal ecológico por cada cauce fluvial.

La energía de la materia orgánica (bioenergía: biomasa y biocarburantes)

También podemos extraer energía de la materia orgánica. Es una de las culminaciones de la economía circular, como aprovechar la piel de patata durante la posguerra, pero en el ámbito energético. Encontramos materia orgánica en 1) directamente en la naturaleza, en forma de biomasa que produce el propio bosque (residuos forestales como leña y ramas) o la que deriva de la actividad humana (talas o aclareos de bosque); 2) de origen residual que proviene de la actividad de la industria forestal (aserraderos, etc.), agrícola (deyecciones ganaderas o purín —residuo líquido—; cultivos leñosos, industria agropecuaria, etc.), agroalimentaria (elaboración de fruta seca, aceites o vino), los residuos del tratamiento de aguas residuales (lodos de depuradora), los procedentes de los restos orgánicos de la recogida selectiva que se hace en los municipios (RSU: residuo sólido urbano), etc. Por eso hablamos de economía circular, porque es el cierre del círculo de una actividad que genera un residuo que se aprovecha para generar electricidad o calor y que, por lo tanto, se vuelve a aprovechar. Pero también encontramos 3) biomasa que proviene de cultivos energéticos de plantas oleaginosas (ricas en almidón: soja, aceite de palma, colza o girasol; o ricas en azúcares: remolacha o caña de azúcar) o lignocelulósica (árboles de crecimiento rápido como el eucalipto o la paulonia).

En definitiva, la bioenergía es el proceso de aprovechamiento de una materia orgánica con un alto contenido de volátiles (básicamente compuestos de cadena larga C_nH_m) para extraer la energía que contiene. Cuando hablamos de un cultivo energético o de un residuo forestal que valorizamos, evidentemente se emite dióxido de carbono (CO_2), metano (CH_4) y óxido nitroso (N_2O) que, como hemos visto, son gases de efecto invernadero (GEI). Hasta hace pocos años, se decía que la valorización de la biomasa era neutra en carbono por el hecho de que el compuesto valorizado ha capturado CO_2 en el momento de formarse, cosa que ha hecho en un plazo corto de tiempo, si hablamos en términos de ciclo de vida de la biomasa. En cambio, cuando se usa un combustible fósil, es cierto que también devolvemos a la atmósfera un CO_2 y otros gases GEI que en su día fueron capturados, pero con la diferencia de que al formar petróleo o gas se han necesitado miles de años y si lo combustionamos liberaremos este CO_2 que hasta ahora estaba confinado en el compost. Estos gases liberados en la atmósfera tardarán miles de años en volver a ser capturados para formar de nuevo el combustible fósil que quemamos. Por lo tanto, el ciclo es tan largo en años que no se puede considerar una energía renovable como sí lo es la biomasa. A pesar de todo, como la valorización de la biomasa requiere una actividad (cultivo, recogida, tratamiento y sobre todo, el transporte, que es el que más penaliza), la cual seguramente conlleva emisiones de GEI y como el propio combustible emite gases GEI, la Comisión Europea ha determinado otorgar un valor de emisión al uso de la biomasa para diferenciarla de la energía que nos llega del Sol, viento o agua, que es completamente limpia. Por este motivo, en el caso de la biomasa, diremos que es un «combustible prácticamente neutro en carbono»; se le asigna un valor determinado de emisión en función de si se trata de madera, pélets o biogás. Ahora bien, software publicado por el Estado, como el CALENER, que se usa para certificar enérgicamente los edificios, asignan a la biomasa por caldera doméstica unas emisiones de tan solo: 0,018 $kgCO_{2_{eq}}$/kg, es decir, casi cero, cosa que la convierte en una fuente energética ambientalmente muy competitiva.

Transformando todas estas sustancias que consideramos de origen renovable obtenemos, en función del tratamiento usado, un biocarburante que se considera de origen renovable. Son biocarburantes el biodiésel, el metanol, el bioetanol, el carbón, el biogás o *syngas*, entre otros.

FUENTE DE BIOMASA	TRATAMIENTO AL QUE SE SOMETE LA BIOMASA		BIOMASA QUE SE OBTIENE
Residuos forestales	Tratamiento físico	Astillado	Astilla, leña, corteza
		Compactación	Briquetas y pélets
Biomasa forestal, residuo agrícola, industria agroalimentaria	Tratamiento termoquímico	Gasificación	Gas pobre y syngas
		Combustión	---
		Pirólisis	Carbón vegetal, metanol
Cultivo energético (oleaginosas: soja, colza, girasol), algas	Tratamiento químico	Esterificación (de aceites no refinados)	Ésteres metílicos y biodiésel (ciclo Diésel)
		Prensado	Aceites vegetales (bioetanol)
RSU, lodos EDAR, aceites de cocina, resto industria agroalimentaria y cultivos ricos en azúcar y almidón (caña de azúcar, trigo y patata)	Tratamiento biológico	Fermentación+ destilación (alcoholes)	Bioetanol (ciclo Otto)
		Digestión anaeróbica	Biometano → biogás

Tabla 3. Obtención de bioenergía en función de la fuente y tratamiento aplicado. Fuente: elaboración propia.

Retomando las definiciones que nos da la Directiva 2009/28/CE del Parlamento Europeo y del Consejo, relativa al uso de energía procedente de fuentes renovables, la biomasa se entiende en el sentido más amplio posible, ya que se describe como «la fracción biodegradable de los productos, desechos y residuos de origen biológico procedentes de actividades agrarias (incluidas las sustancias de origen vegetal y de origen animal), de la silvicultura y de las industrias conexas, incluidas la pesca y la acuicultura, así como la fracción biodegradable de los residuos industriales y municipales».

Nosotros nos referiremos a la biomasa (en genérico), como bioenergía y dejaremos el concepto de biomasa para hablar exclusivamente de las fuentes que provienen de la silvicultura o directamente de los residuos leñosos, ya sean en forma de pélet, de briquetas o de astillas.

Cada año, en el mundo se generan del orden de $2*10^{11}$ toneladas de materia orgánica, y si optimizásemos la recogida y el tratamiento, sería capaz de cubrir hasta 5 veces toda la energía que se consume cada año en el mundo.

Antes de seguir, es importante pararnos para definir un concepto que usaremos en este apartado: el poder calorífico de una sustancia. El poder calorífico nos indica la energía en forma de calor que nos aporta una cantidad determinada de material. Se mide en unidades de energía contenidas por cada unidad de volumen (kWh/m^3) o por cada unidad de masa (kWh/kg). Hay que diferenciar el poder calorífico superior, que contabiliza la energía que aporta el agua del propio compost al condensarse y aprovecha su cambio de fase, del poder calorífico interior, que indica la energía que aporta el combustible cuando no hay proceso de condensación del agua que llevan los humos liberados de la combustión. Normalmente, cuando comparamos la capacidad de producir calor que tienen las sustancias, hablamos de poder calorífico inferior, y es que en un proceso de combustión el agua acostumbra a mantenerse en forma de vapor, sale con los humos de expulsión y no condensa; por lo tanto, el agua no cede la energía de cambio de fase. En términos generales, el poder calorífico de la biomasa forestal ronda las 3.500 kcal/kg y el de los RSU está por encima de las 4.000 kcal/kg. Son valores relativamente bajos si tenemos en cuenta que, por ejemplo, los combustibles provenientes del petróleo presentan poderes caloríficos inferiores el doble de grandes. Es decir, por la misma unidad de volumen nos dan el doble de energía los derivados del petróleo que la biomasa.

	PCI		PCS
	kWh/kg	kcal/kg	kcal/kg
Biomasa forestal seca	3,93	3.384	4.950
Astilla de pino (humedad <20%)	4,20	3.610	4.876
Pélet	4,58	3.943	4.500
Carbón vegetal	8,89	7.650	8.000
Residuo forestal	3,85	3.312	4.700
Biogás EDAR o vertedero	14,00	12.046	13.000
Bioetanol	7,50	6.453	7.100
Biodiésel	10,56	9.090	9.500
Hidrógeno	33,35	28.680	34.057
Residuos sólidos urbanos (RSU)	5,05	4.347	5.000
Gas natural	13,33	11.472	10.700
Gas natural licuado (GNL)	12,28	10.564	12.200
Gas butano y gas propano (GLP)	13,14	11.305	12.000
Gasolina	12,31	10.588	11.200
Gasóleo-diésel	11,94	10.277	11.000

Tabla 4. Valores orientativos de poder calorífico inferior (PCI) y superior (PCS) que varían sustancialmente en función del contenido de humedad del producto analizado. Fuente: elaboración propia.

Es muy relevante, especialmente cuando hablamos de biomasa, saber el porcentaje de humedad que concentra, ya que una biomasa muy húmeda conllevará que cuando la combustionamos habrá que destinar la energía de la propia biomasa a evaporar el agua que ella misma contiene. Así, una sustancia con humedad muy alta, por ejemplo, del 65%, presenta un poder calorífico inferior a 1.400 kcal/t, mientras que cuando el contenido de humedad es solo del 10%, puede llegar a aumentar su PCI hasta un valor de 4.000 kcal/t. Si la sustancia está completamente seca podría llegar hasta 5.500 kcal/t. Queda claro que la presencia de agua en el compuesto varía mucho su PCI.

Últimamente, se suele hablar de combustibles de primera, segunda e incluso tercera y cuarta generación. En el fondo, son clasificaciones en las que ubicamos los biocombustibles a medida que se van desarrollando. A día de hoy, en estado de comercialización, estamos a nivel de segunda generación. Los biocombustibles de tercera y cuarta generación están a nivel de laboratorio, en fase de investigación.

GENERACIÓN DEL COMBUSTIBLE	FUENTE DE BIOMASA	BIOENERGÍA
Primera	Cultivos energéticos	Bioetano → Biodiésel
Segunda	Residuos orgánicos	Biometano → Biogás
Tercera	Algas y plantas acuáticas	
Cuarta	Modificación genética microorganismos	

Tabla 5. Las generaciones de los biocombustibles. Fuente: elaboración propia.

Los procesos de transformación para obtener bioenergía

Procedimientos mecánicos

Los procesos mecánicos son transformaciones de un residuo de origen forestal o del sector de la industria de la madera con el objetivo de obtener productos útiles para la combustión en chimeneas, estufas y hornos. Son ejem plos las astillas (proceso de ruptura de la biomasa) o el pélet o las briquetas (proceso de prensado y compactación). Son procesos, especialmente el del prensado, que generan calor, lo provoca que la materia quede sellada por la parte exterior, proceso que nos ayuda a que el residuo leñoso quede confinado en el interior de la briqueta o pélet. Este sellado se conoce con el nombre de baquelizado, en referencia al primer plástico sintético, con apariencia vidriada, inventado en 1907 por el químico belga Leo Baekeland. De todos modos, de plástico solo tiene el nombre.

Metanización o digestión anaeróbica

La metanización es el proceso biológico de fermentación —o eliminación completa por acción bacteriana— de la materia orgánica en un ambiente anaeróbico, es decir, sin oxígeno. De este proceso de descomposición se desprende metano (CH_4) —en un 50 a 70% del volumen—, dióxido de carbono (CO_2) —entre un 30 y 40% del volumen total— y, en mucha menos cantidad, agua (H_2O), nitrógeno (N_2), amoníaco (NH_3), hidrógeno (H_2) y sulfuro de hidrógeno (H_2S) que, a pesar de no superar el 2% del volumen, es el causante del mal olor (de alcantarilla) que desprende este tipo de fermentación.

Esta digestión anaeróbica de la materia orgánica se produce en los pantanos, donde originan los fuegos fatuos (denominación originaria del latín: *ignis fatuus*), los vertederos, donde se recoge cuidadosamente el gas resultante para sacarle provecho energético, o en digestores —los hay de proceso en continuo y de proceso en discontinuo. La materia orgánica entrante a menudo es lodo de depuradora, materia procedente de la recogida selectiva o residuos de la industria agroalimentaria. La virtud de la metanización en digestores es que permite controlar el residuo y los productos resultantes de la fermentación, eliminando malos olores, y los riesgos de una fermentación incontrolada, que sabemos que emite metano.

De la metanización que se produce en vertederos y en plantas destinadas a este proceso (digestores anaeróbicos) obtenemos, como hemos dicho, un biogás que contiene un 60% de metano (CH_4) con un poder calorífico en torno a los 6 kWh/m^3. En términos generales, de una tonelada de residuos urbanos de vertedero, se obtienen unos 10 m^3/año de biogás. También se obtiene una especie de lodo que se usa como fertilizante. La digestión se controla dentro de un reactor.

Dado que el gas natural es en un 94% gas metano, este gas creado a partir de residuos podemos inyectarlo, previamente enriquecido, directamente a la red de gas natural que hay extendida por todo el país. De este modo, haremos una red de gas por donde vehiculamos el biogás y, por lo tanto, 100% verde. De hecho, por ejemplo, Francia basa su transición energética en la generación eléctrica en base a la energía nuclear (no emite CO_2 de forma directa) y en la sustitución de todo el gas natural por biogás y así aprovecha la red de transporte y distribución existente y evita tener que reconvertir los puntos de consumo de viviendas e industrias al sistema eléctrico. El plan RePowerEU se marca como objetivo que Europa acabe produciendo en 2030 hasta 35.000 mi llones de metros cúbicos de biogás.

Combustión de biomasa

De toda la vida que la biomasa, en su uso directo, nos ha servido para calentarnos y, antiguamente, también para iluminarnos. En la reacción de oxidación intervienen el combustible, que es la biomasa, y el comburente, que es el oxígeno contenido en el aire de aportación. La combustión de biomasa se inicia a poca temperatura y, como la misma biomasa ya contiene oxígeno, se produce una reacción rápida generando dos productos de tipo gaseoso (agua y dióxido de carbono) y uno de tipo sólido (cenizas). La oxidación de la biomasa admite humedades altas, pero ya sabemos que una biomasa húmeda perderá energía propia al evaporarse el agua que ella misma contiene. Las calderas de biomasa a nivel industrial presentan rendimientos superiores al 80%. De hecho, las calderas de condensación presentan rendimientos superiores al 100%, porque aprovechan el calor de la condensación del agua. Es decir, usamos el PCS del combustible.

Con la combustión de biomasa en una caldera industrial a menudo se genera vapor para procesos (típicamente en el sector químico, papelero, textil y agroalimentario), pero también se puede usar el vapor para mover turbinas de vapor y generar electricidad. Como ejemplo de caldera de grandes dimensiones: un sistema formado por una caldera de 10 MW térmicos que se alimenta con unas 16.000 toneladas al año de biomasa de astilla, con una turbina de vapor de 2 MW eléctricos producirá al final del año 8.000 MWh/año de electricidad.

Hay diversos tipos de calderas de biomasa: de parilla fija, móvil, de tornillo sinfín... Las calderas se adaptan al tipo de residuo que se introduce (madera astillada, leña, polvo de madera, etc.), motivo por el cual la tecnología para producir combustión puede variar al inyectar el producto o el aire de combustión de diferentes modos.

En el ámbito doméstico de calderas de biomasa (potencias por debajo de los 70 kW térmicos) tenemos dos tipos, que clasificamos según el material que le suministramos: 1) de pélet o 2) de astilla o directamente de madera (incluidas las briquetas). Una caldera preparada para pélets puede no funcionar con troncos o briquetas y al revés.

A nivel de estufas pasa lo mismo, también las clasificamos según la fuente de biomasa que usan. Tenemos un amplio rango de estufas domésticas, desde los 4 kW de potencia térmica para arriba. Se calcula una ratio para calentar un ambiente del orden de 1 kW térmico/10m². Las estufas de pélet presentan mayor eficiencia, ya que a igualdad de kg de pélet y troncos, aportan más calor.

Finalmente, tenemos las clásicas chimeneas. Una chimenea abierta con buen tiraje presenta rendimientos bajísimos: de no más del 50%. Si la chimenea está cerrada con puertas, dejando el paso justo para la entrada del aire de combustión, el rendimiento sube al 70%. Las estufas compactas presentan rendimientos muy altos, del 80 y 90%, dependiendo del modelo, en especial las de doble combustión, que combustionan la biomasa y después combustionan los humos resultantes de la primera combustión.

Gasificación

La gasificación es el proceso termoquímico de transformar por oxidación incompleta un residuo orgánico, o la biomasa, en un gas que es monóxido de carbono (CO) e hidrógeno (H_2). Consiste en activar la reacción química que toma temperaturas de 800 °C sin que se produzca la combustión, jugando con la aportación de agua y la proporción justa de oxígeno (que siempre mantenemos por debajo del valor estequiométrico, que es la cantidad justa de comburente —oxígeno— para reaccionar con la totalidad del combustible, la biomasa). Esta aportación de agua se hace en forma de vapor, de modo que también se aporta a la vez la temperatura necesaria para iniciar la reacción química. Hay diversos tipos de gasificadores, pero lo que los hace diferentes es su temperatura de operación. El proceso de gasificación genera pocos gases residuales de la combustión (del orden de un 25% menos que en un proceso de incineración). De la gasificación obtenemos gas de síntesis o Syngas, que es un gas formado por hidrógeno (H_2) y monóxido de carbono (CO) a partes iguales (un 20%) y, en menor porcentaje, dióxido de carbono (10%), y metano (CH_4), por debajo del 3%.

Pirólisis

La pirólisis, del griego: ruptura por fuego, es también un proceso termoquímico, pero, a diferencia de la gasificación, en este caso se desarrolla con defecto total de oxígeno. La reacción que se desarrolla en una atmósfera reductora se parece mucho al proceso de *cracking* del petróleo para obtener gasolinas y gasóleos. La biomasa se descompone (por lo tanto, hay cambio físico además de químico) y se obtiene una mezcla de hidrocarburos ligeros, que son los que se liberan de la biomasa al calentarla (básicamente, hidrocarburos HmCn y carbón vegetal sólido residuales), y productos líquidos (como agua pirolítica, alquitrán y aceites). En función del producto residual que se desee (más componente gaseoso o mayor proporción de carbón), la reacción pirolítica se ejecuta de una u otra forma. Así, cuando queremos priorizar la obtención de gases volátiles que nos serán muy útiles para combustionar posteriormente, realizamos lo que se llama una pirólisis flash que se desarrolla sobre lecho fluidizado (la materia sólida flota suspendida sobre un colchón de gas que no interviene en la reacción). En este proceso, la materia se somete a casi 10.000 °C de temperatura durante escasamente medio segundo, provocando una sublimación de la materia orgánica (la cual pasa del estado sólido a gas de forma instantánea). Cuando lo que priorizamos es obtener carbón vegetal (proceso de carbonización), hacemos una pirólisis lenta a presión atmosférica y temperatura de unos 600 °C.

La pirólisis es una tecnología mucho más limpia —con ausencia total de dioxinas y furanos— que la incineración y obtenemos o gases o carbón, que tiene un poder calorífico mayor que el de la biomasa y, por lo tanto, con menos volumen transportado obtenemos más energía.

Incineración

La incineración es el proceso de valorización por oxida
ción de un residuo: se inicia un proceso de encendido
que lleva el residuo a la combustión y así se aprovecha
su propia energía para calentar un fluido caloportador
que acostumbra a ser agua. Esta agua se vaporiza y así
se aprovecha esta energía calorífica para generar electricidad mediante una turbina de vapor. Es lo que se llama
«pasar del residuo a la energía» (conocido habitualmente con la expresión inglesa *waste to energy*), y es que la
Unión Europea, en una decisión un poco controvertida,
considera esta valorización de residuos como una fuente parcialmente renovable. De hecho, el porcentaje de la
electricidad que se produce mediante la valorización de
residuos de origen orgánico que se hayan introducido en
el horno tendrá la consideración de energía renovable y,
por lo tanto, tendrá derecho a generar certificados verdes
de electricidad. Así, de toda la basura urbana que se inci-
nera, se declara qué parte es fósil (básicamente plástico)
y qué parte es madera, carbón u orgánica. Los residuos se
analizan, registran y auditan continuamente para determinar, al final del año, qué parte de la producción eléctrica es renovable y qué parte estará sometida al régimen
de mercado de emisiones de gases de efecto invernadero.

La incineración debe hacerse a muy alta temperatura y, además, hay que asegurar un tiempo determinado
de permanencia del residuo en la cámara de combustión
para garantizar que las dioxinas (contaminantes persis-
tentes derivados del cloro que se acumulan a través de
la cadena alimentaria) y los furanos (también tóxicos y

cancerígenos) que produce la combustión del residuo queden eliminados en el mismo proceso de incineración. Asimismo, hay que llevar un control extraordinariamente estricto en la emisión de compuestos perjudiciales, como óxidos de nitrógeno (NO_x) y dióxido de azufre (SO_2). Finalmente, hay que tratar los metales pesados que aparecen en las cenizas residuales del proceso. Esta valorización, además de generar electricidad que se inyecta a la red eléctrica, termina reduciendo el volumen de residuo en más de un 95%.

Esterificación de aceite no refinado para obtener alcoholes

El proceso de esterificación o hidrólisis ácida es el mecanismo mediante el cual, al hacer reaccionar un ácido y un alcohol, se obtiene un éster —de ahí el nombre de esterificación— y agua. En este proceso químico, los dos productos se unen para conformar una nueva molécula con radical éster.

El proceso que nos ocupa consiste en hacer reaccionar los aceites vegetales extraídos de plantas oleaginosas (como la colza, la soja, la palma o el girasol), extractos de aceites animales o incluso a partir de aceites residuales de cocina, con el metanol. Estos aceites, de hecho, son ácidos triglicéridos, compuestos de molécula larga. Al final del proceso, se obtiene un éster metílico y glicerina. Esta reacción se produce al aplicar calor sobre los productos y adicionar otro producto que tiene las funciones de catalizador de la reacción (que no interviene en la nueva molécula).

Al final, de todo este proceso sacamos un éster de mucha utilidad en el mundo de los biocombustibles: el biodiésel. Para hacernos una idea de las proporciones de la reacción, por cada 100 unidades de volumen de aceite, se necesitan 10 unidades de metanol y se extraen 100 de biodiésel y 10 de glicerina. De esta reacción se aprovecha todo, ya que la glicerina, que es un alcohol con tres grupos hidroxilos (-OH), se puede usar para fabricar jabones o, por desgracia, explosivos (nitroglicerina). Con el residuo del catalizador, que son sales sódicas o potásicas, se hace fertilizante.

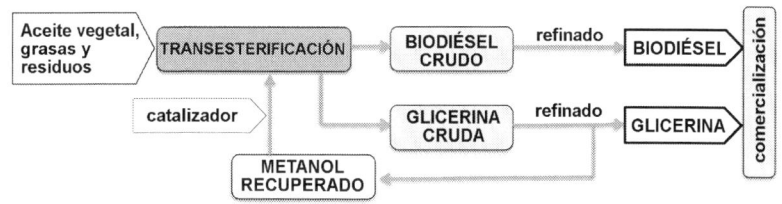

Ilustración 15. Esquema de principio para la obtención del biodiésel. Fuente: elaboración propia.

Fermentación anaeróbica de materia orgánica y posterior destilación para obtener alcoholes

En la fermentación en ausencia de oxígeno de materia orgánica para obtener etanol (o alcohol etílico: C_2H_6O) que nos servirá de biocombustible, hay que considerar el producto del cual partimos, porque el proceso de fermentación es sensiblemente diferente.

Hay reacciones químicas que parten de productos no renovables y que también nos dan etanol, pero ahora nos centraremos en los productos renovables. Así, para llegar al etanol partiendo de biomasa podemos usar 1) productos orgánicos ricos en azúcares como la caña de azúcar, el trigo o la remolacha, de los cuales generamos alcohol a partir de la sacarosa que contienen, o podemos partir de 2) sustancias ricas en celulosa como la biomasa forestal o los residuos agrícolas (animales y vegetales), o de 3) sustancias ricas en almidón (formado por dos moléculas de glucosa), como los cereales o la patata.

Para la fermentación de sustancias con azúcares se usan levaduras que digieren la biomasa. La reacción produce CO_2 y requiere un tratamiento posterior de separación del etanol de las otras sustancias resultantes.

Mediante el proceso de fermentación de productos lignocelulósicos se obtiene alcohol. Este producto resulta de la unión de un carbohidrato —como la celulosa— y de la lignina —que es un polímero aromático—, y es imprescindible, antes de iniciar el proceso de fermentación, fraccionar el producto en celulosa por un lado y en lignina por el otro, con la ayuda de vapor a unos 200 °C. Ocasionalmente se usan, además, productos catalizadores para mejorar el fraccionamiento. De este modo, ya separados, la celulosa puede ser fermentada mediante enzimas orgánicas. Posteriormente, se somete el producto a un proceso de purificación para eliminar productos tóxicos que puedan estropear la fermentación.

Finalmente, para la fermentación de sustancias con almidón, antes de iniciar la fermentación hay que convertirlo en azúcares mediante un proceso de hidrólisis, usando un ácido y aplicando calor.

Todos estos mecanismos de fermentación de una sustancia orgánica u otra para obtener el etanol requieren unos procesos u otros, precisamente en función de la materia orgánica de la que partamos. En términos generales, el que menor rendimiento aporta es el de la fermentación de la biomasa (que contiene celulosa en un 50% aproximadamente) y el que mejor rendimiento aporta es el de azúcares. En el del almidón, como en el fondo hay que hacer un tratamiento para transformarlo en azúcar, perdemos rendimiento global.

Ya terminada la reacción, hay que separar el etanol del agua, proceso que se realiza por vía de una destilación. Es indispensable retirar el agua para poder mezclar el etanol con la gasolina del vehículo.

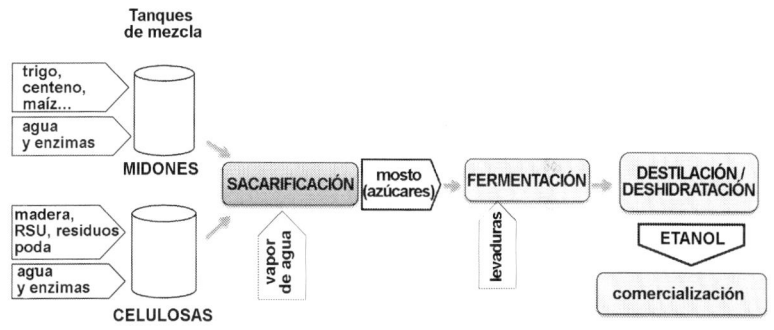

Ilustración 16. Esquema de principio para la obtención del etanol. Fuente: elaboración propia.

Los combustibles bioenergéticos

<u>Biomasa de uso directo: leña, astilla, corteza, briquetas y pélet</u>

La biomasa crece gracias al proceso de fotosíntesis que realizan las plantas al aprovechar la luz del sol, capturando CO_2 de la atmósfera, tomando elementos y compuestos de la tierra y liberando oxígeno.

La biomasa de uso directo la usamos directamente para valorizarla, es decir, para combustionar los gases que emite al calentarse. De hecho, no es la biomasa en sí la que combustiona, sino los gases que se evaporan de la descomposición de la celulosa y la lignina a causa del calor (a partir de unos 120 °C).

El oxígeno es un factor primordial para que se produzca una buena combustión de la biomasa y, por lo tanto, sacarle el máximo partido posible. Por eso hay que asegurar una buena entrada de oxígeno, que se aporta a través del aire, y un buen tiraje de los humos de combustión. Un exceso de aire nos enfriará la combustión y un defecto de aire puede provocar que haya demasiada concentración de monóxido de carbono (CO) para una combustión completa, cosa que, en las estufas domésticas, es un gran peligro para las personas que están dentro de la habitación.

Hay diversas formas de biomasa para calderas: leña, astilla, corteza, briquetas y pélet.

1) La leña, es decir, los conocidos troncos. Los que mejor combustión presentan son los árboles de crecimiento lento (encina, olivo o roble) y generan menos cenizas.

2) Las briquetas son troncos creados artificialmente a partir de la compactación de serrín y virutas de madera y, por lo tanto, son una buena salida para los residuos de la industria de la madera. De dimensiones variables, rondan los 100 mm de diámetro y 200 mm de largo y presentan una densidad de unos 1.200 kg/m^3. El residuo leñoso se compacta mecánicamente con prensas, cosa que provoca una subida de temperatura, de modo que la capa exterior queda sellada (baquelización), favoreciendo que el material quede contenido. Son útiles para chimeneas o tipos de estufa que admiten troncos.

3) Los pélets son unos cilindros pequeños y duros de biomasa (normalmente serrín) deshidratados completamente y compactados sin aditivos que se mantienen aglomerados gracias a la lignina propia de la biomasa. Hay de muchos tipos, pero rondan los 10 mm de diámetro y 40 mm de largo. Los pélets solo se pueden usar en estufas preparadas. Son más caros que las briquetas, pero son más manejables, se puede automatizar la carga de la estufa, producen poca ceniza, presentan unas condiciones de humedad (prácticamente secos) y de granulometría siempre óptimas y lo que es más importante: de valor estandarizado. Hay que asegurarse de que los pélets son certificados para asegurar su calidad. Los certificados EN Plus A1 son los de mejores prestaciones e indican que han sido fabricados a partir de madera sin tratar y, además, presentan contenidos bajos en cloro y nitrógeno. Los pélets son más caros que la

madera directa, pero a igual poder calorífico que la leña, el pélet, al ser mucho más seco (si se mantiene empaquetado, valores inferiores al 5% de humedad), da rendimientos alrededor de 90% mientras que la leña queda alrededor del 70%. Además, la leña exige mucho más mantenimiento, limpieza y cuidado. Por otro lado, el pélet permite la carga semiautomatizada: depositar el contenido del saco de pélet en la tolva y, de ahí, la caldera se va alimentando. Hecho que, sea dicho, provoca cierto ruido cuando está activado.

Un aviso importante relativo al uso de biomasas residuales: la combustión de muebles viejos o maderas pintadas o barnizadas no se considera renovable. Son productos transformados a los que se han añadido productos (insecticida, barniz, etc.). De hecho, la combustión de este tipo de residuos a nivel doméstico o industrial no está permitido porque se emiten sustancias volátiles y peligrosas para la salud.

Syngas

El syngas es la denominación inglesa del gas de síntesis. Se puede obtener a partir de diversos productos (carbón, petróleo, naftas...), pero siempre se trata de sustancias ricas en carbono. Nos centraremos en las materias renovables y, por lo tanto, en un syngas que proviene del tratamiento de la biomasa. Es un gas pobre, constituido mayoritariamente por monóxido de carbono (CO) e hidrógeno (H_2) y, por lo tanto, con capacidad para oxidarse por combustión con la finalidad de generar electricidad mediante un motor o turbina de gas. Para obtener gasógeno se inyecta aire en el reactor contra la biomasa calentada, de la cual se desprende monóxido de carbono y, en menor cuantía, dióxido de carbono (CO_2). La reacción de obtención del CO se regula dando mayor o menor temperatura a la biomasa. A más calor, el gas obtenido va a contener mayor proporción de CO y menor de CO_2.

Bioetanol

El bioetanol (C_2H_5OH) es el carburante obtenido a partir de la fermentación y destilación de materia orgánica rica en azúcar (caña de azúcar, remolacha, melazas...), almidón (tubérculos, maíz...) o plantas con alto contenido de celulosa. Así, de esta fermentación obtendremos etanol o alcohol etílico, que nos servirá para la automoción al mezclarlo con la gasolina convencional. Como la gasolina con etanol mejora la combustión, su uso produce una mejora de prestaciones del motor y reduce la emisión de compuestos volátiles y de monóxido de carbono (CO) a la atmósfera.

En 2009 se aprueba la Directiva 2009/28/CE del Parlamento Europeo y del Consejo de 23 de abril de 2009 (que posteriormente fue derogada y actualizada). Estas directivas, que tienen por objetivo promover la ambientalización de los combustibles en el transporte, definen un etiquetado para los combustibles de acuerdo con la presencia de etanol en su composición y, por lo tanto, va más allá del indicador de octanaje que usamos hasta ahora y que, para gasolina, estaba establecido en 95 y 98. La gasolina E5 contiene un 5% de etanol y la E10 contiene un 10% de etanol. Como el etanol retrasa la ignición porque es antidetonante, a mayor presencia de etanol, más se asimila el combustible en el efecto que produce una gasolina de alto octanaje. Así, la gasolina 98 se caracterizaba por incluir elementos que retrasan la ignición, que es lo que provoca el etanol. Por eso la E5 se asimila a la gasolina 95 y la E10 a la 98. Podemos encontrar la E85, que solo podemos usar en motores preparados para su uso, ya que, como se ha dicho, el etanol tiene un efecto antidetonante y puede retrasar el tiempo de ignición dentro del pistón, que es algo muy temporizado en el motor de ciclo Otto. La E85, como presenta una combustión más rápida, mejora el rendimiento del motor. Los vehículos anteriores al año 2000 limitaban la presencia de etanol al 5% (E5), pero actualmente admiten sin ningún problema gasolinas E10.

Biodiésel

El biodiésel ($RCOOCH_3$) nace de la reacción de esterificación. La patente de la conversión de aceites vegetales a biodiésel, que data de 1937, es propiedad de la Universidad de Bruselas. El biodiésel es un éster metílico de ácido graso (FAME del inglés, *Fatty Acid Methyl Ester*). Es un producto líquido, menos viscoso que los aceites vegetales, cosa que lo hace muy apropiado para mezclarlo con el diésel convencional. Para terminar de adaptar el producto, en cuanto a la viscosidad, la densidad, el punto de encendido, etc. a las condiciones normativas para que sea asimilable al diésel, se aportan determinados aditivos que aumentan su conservación y varían su temperatura de solidificación. Cuando el biodiésel se adiciona al diésel (de origen fósil), aumenta las prestaciones de combustión. En el mercado hay diésels con porcentaje del 7% de biodiésel (B7) y del 10% (B10).

¿Qué necesito saber sobre la bioenergía?

Del aprovechamiento de la materia orgánica también podemos extraer energía, en un proceso conocido como economía circular, cuyo ejemplo es el *Waste to Energy*.

Las tecnologías básicas para extraer energía de los residuos orgánicos son: la termoquímica (gasificación, carbonización y pirólisis), la fisicoquímica (esterificación y prensado) y la biológica (fermentación y digestión anaeróbica). De estos procesos extraemos biogás, syngas, biodiésel, etanol... No hay que menospreciar el uso directo de la biomasa (astilla, pélet o briquetas), muy apropiado para pequeñas calderas y estufas domésticas. A todos estos productos los llamaremos bioenergía.

La energía que nos aportan estas sustancias por unidad de volumen o de peso la llamamos poder calorífico. El poder calorífico superior contabiliza la energía que aporta el agua del propio compuesto al condensarse y aprovecha su cambio de fase, y el poder calorífico inferior indica la energía que aporta el combustible cuando no hay proceso de condensación del agua que llevan los humos liberados de la combustión.

¿Y en casa?

El pélet es un buen combustible. Hay que comprarlo certificado. Así nos aseguramos de que cumple las condiciones de peso, densidad y nivel de sequedad. De este modo, si compramos un saco de 70 kg de pélet, sea de la marca que sea, sabemos que la energía que adquirimos está determinada por la regulación. Permite automatizar la alimentación a caldera y ocupa poco espacio. Al combustionar, genera muy poca ceniza (inferior al 1% de su peso). Al contrario, al comprar astilla nunca sabremos del todo qué tipo de madera nos traen ni qué humedad tendrá. Además, durante el almacenaje puede coger humedad. Las briquetas también son muy buena opción, como el pélet. Pero hay que saber que, si una estufa funciona con pélet, solo podremos usarla con esta materia. La estufa de briquetas admite troncos. Las estufas de biomasa, en relación con la capacidad que tienen para calentar, no son más grandes que las convencionales de gas butano y calientan mucho más que los radiadores de agua caliente.

Hay que saber que la combustión de muebles viejos o maderas pintadas o barnizadas no se considera renovable. De hecho, la combustión de este tipo de residuos a nivel doméstico o industrial no está permitida porque se emiten sustancias volátiles y peligrosas para la salud.

Al llenar el depósito de nuestro vehículo, los combustibles ya incluyen un determinado porcentaje de biocombustibles. La Unión Europea, poco a poco, va obligando a aumentar su presencia. La gasolina E5 lleva un 5% de etanol y el diésel B7 o B10 lleva un 7 o un 10% de biodiésel.

La energía del aire (aerotérmica)

La Directiva 2009/28/CE del Parlamento Europeo y del Consejo relativa al fomento del uso de energía procedente de fuentes renovables nos define «energía aerotérmica» como la energía almacenada en forma de calor en el aire ambiente.

Si algo ha visto un crecimiento casi exponencial en el ámbito energético ha sido la implantación de bombas de calor en los edificios de Europa. Especialmente en Alemania, Polonia, Italia y Francia, que es donde más ha incrementado la venta de bombas de calor. De hecho, de promedio en Europa, según la organización European Heat Pump Association (EHPA), en 2022 se han instalado un 38% más de bombas que el año anterior, que a su vez también creció del orden del 30% respecto a 2020. Se calcula que en Europa hay aproximadamente 16,98 millones de aerotermias instaladas. Sorprende que la bomba de calor esté menos implantada en países de clima temperado, donde aporta mejor rendimiento, pero la realidad es que los países centroeuropeos e Italia —como ejemplo de país mediterráneo— es donde se han adoptado políticas más favorables a instalar aerotermias.

Para saber cómo funciona una bomba de calor y por qué tiene tanto éxito, procedamos a hacer un breve inciso para explicar el ciclo termodinámico y el ciclo de Carnot, en honor al padre de la termodinámica, el ingeniero francés Nicolas Léonard Sadi Carnot (1796 - 1832).

Un ciclo termodinámico se produce cuando un fluido que vehicula a través de un circuito cerrado sufre un conjunto de cambios de estado con el objetivo de aprovechar estos cambios para sacarles provecho. Para que esto pase, el fluido caloportador o refrigerante circula de una fuente caliente a una fuente fría, para volver a la fuente caliente y así cíclicamente, evaporando y condensando. De este modo, se aprovecha el calor latente del fluido para obtener energía. Cualquier compuesto, cuando se le aplica calor, aumenta de temperatura. Esta energía se llama calor sensible. Si seguimos aplicando calor, la sustancia sufre un cambio estructural y cambia de estado. Es lo que llamamos cambio de fase, y el calor necesario para que haya un cambio completo en la estructura lo llamamos calor latente. Dicho de otro modo, el calor sensible sube la temperatura hasta llegar a un punto en el que la temperatura se estanca porque la sustancia empieza a cambiar de estructura. Entonces, estamos aportando lo que llamamos calor latente hasta que la estructura molecular ha cambiado completamente, pero la temperatura se mantiene constante, sin subir. Después de cambiar de fase, la sustancia sigue aumentando la temperatura y, entonces, lo volvemos a llamar calor sensible.

Un ciclo termodinámico aprovecha este calor latente de vaporización cuando cambia de líquido a gaseoso, y calor latente de fusión cuando la sustancia funde y licua. Aplicando energía, movemos la sustancia para llevarla a una fuente caliente para que el fluido caloportador, nuestra «sustancia», cambie de fase, tomando energía en forma de calor latente, y la llevamos a una fuente fría para que vuelva a cambiar de fase y, por lo tanto, ceda calor latente. Y ya sabemos que calor es energía y energía es trabajo, que es lo que queremos.

La energía que hay que aplicar para calentar una sustancia se calcula a partir del calor específico, que es un coeficiente propio de cada sustancia y los valores de temperatura del cual partimos y al que queremos llegar.

Del mismo modo, la energía que nos cede una sustancia al enfriarse, pasando de una temperatura alta a otra inferior, se calcula haciendo el producto entre el calor específico y el salto de temperatura entre la situación inicial y final en la que se encuentra la sustancia.

Por el contrario, la energía que hay que aplicar para cambiar la estructura de una sustancia se calcula a partir de multiplicar el calor latente —un coeficiente también propio de cada sustancia y cambio de fase que se ejecuta— por la masa, que es la cantidad de materia que cambia de estado.

SUSTANCIA	Calor específico Cp	Calor latente de vaporización
	kJ/kgK	kJ/kg
Agua (15ºC)	4,186	2.250
Agua vapor (100ºC)	2,01	2.250
Alcohol	2,513	880
Vidrio	0,838	-
Etilenglicol 30%	3,729	
Etilenglicol 50%	3,297	
R-134a (-15ºC)	1,425	206,8 (a -15ºC)
R22		198,2 (a +8ºC)
R32	1,94	381
R410A	1,69	271

Tabla 6. Calor latente y calor específico de diversas sustancias. Fuente: elaboración propia.

El ciclo de Carnot es la idealización de un ciclo termodinámico y se le otorga, para unas temperaturas dadas, el valor máximo al que podrá llegar cualquier máquina que desarrolle un ciclo termodinámico. Este rendimiento máximo para la producción de calor y de frío se calcula según:

$$Rend\ caliente = \frac{T_c}{T_c - T_f} \quad y \quad Rend\ frío = \frac{T_f}{T_c - T_f}$$

En la que Tf es la temperatura de la fuente fría y Tc la de la fuente caliente. Se comprueba que a mayor diferencial de salto térmico entre la fuente caliente (Tc) y la fuente fría (Tf), menor rendimiento ofrecerá la máquina.

Este rendimiento —que es el del ciclo termodinámico, no el de la bomba de calor, que veremos más adelante— es importante porque, como decimos, permite saber el rendimiento máximo que presentaría una máquina ideal, la de Carnot, en función de las temperaturas que tenemos en las fuentes caliente y fría. Ninguna máquina puede ser más eficiente de lo que establece el ciclo teórico de Carnot. El aparato que realiza un ciclo termodinámico es una máquina térmica que transforma energía de una forma a otra. Normalmente usa un fluido caloportador confinado en un circuito cerrado que, al hacerlo vehicular (se aporta cierta energía), hace que cambie de condiciones físicas (e incluso de estado), de modo que toma temperatura en un lado y la lleva a otro consiguiendo un trabajo que —atención— es superior a la energía otorgada al sistema para mover el fluido caloportador de un lado a otro. No es que aparezca energía de la nada, sino que se aprovechan estas fuentes caliente y fría para vehicular energía de un lado a otro, cosa que genera trabajo.

La bomba de calor es esta máquina térmica que, aprovechando las condiciones del exterior, consigue climatizar el habitáculo. Este «exterior» puede ser el aire ambiente, un flujo de agua, un acuífero o incluso el subsuelo. Así, en función de si es la fuente caliente desde donde el líquido refrigerante de la bomba toma el calor y la fuente fría donde la deja, se clasifican las bombas según: Aire-Aire (aerotérmicas), Aire-Agua, Agua-Aire y Agua-Agua.

Pero expliquemos bien la máquina térmica: imaginemos que tenemos un líquido caloportador (por ejemplo, un gas refrigerante tipo 134a, que es uno típico para el aire acondicionado del coche, para un frigorífico o para la bomba de calor de casa) que, confinado dentro de un circuito, va de una fuente fría a una caliente comprimiéndolo (aumenta presión y temperatura y licua) y expandiéndolo (bajamos presión, baja temperatura y gasifica), de modo que aprovechamos su calor latente de cambio de fase. Con este proceso se consigue que, cuando funciona como calefacción, la bomba de calor introduce calor desde el exterior de casa (¡atención! Donde hace frío) hacia el interior que queremos calentar. En verano funciona al revés: toma el calor de dentro del habitáculo (para enfriarlo) y lo lleva hacia fuera, al exterior.

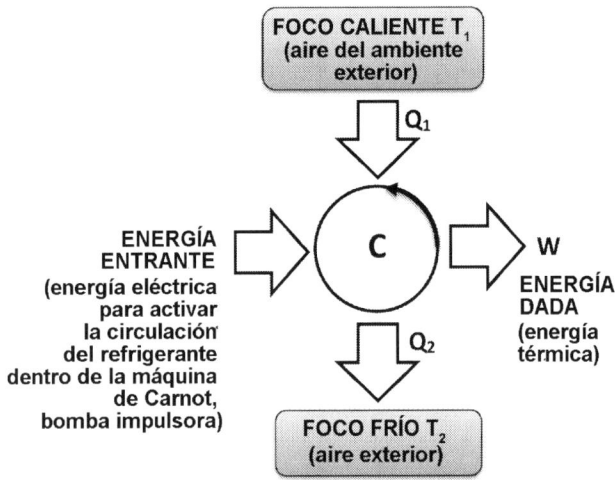

Ilustración 17. Esquema del ciclo de Carnot y diagrama de Carnot. La máquina toma calor de la fuente caliente (T_c) para convertirla en la fuente fría (T_f). Fuente: elaboración propia.

Y es este cambio de fase del fluido que se mueve del evaporador al condensador que, al realizar el ciclo frigorífico, produce la «magia» de tomar calor del aire en invierno y calentar el habitáculo. La bomba de calor está formada por cuatro elementos enlazados por donde circula el fluido caloportador:

- Evaporador: intercambiador donde el fluido caloportador, que llega en estado líquido, vaporiza absorbiendo calor (y, por lo tanto, enfría el habitáculo).
- Compresor: equipo que bombea el fluido caloportador. Tiene la función de dar presión al fluido.
- Condensador: intercambiador donde el fluido caloportador, que llega en estado gaseoso, condensa a estado líquido (cede calor).
- Válvula de expansión: sistema ubicado en la entrada del evaporador que libera presión del fluido caloportador, que entonces entra en estado gaseoso en el evaporador para absorber calor del ambiente.

La bomba de calor no es una sola caja, sino que son dos conectadas por tubos por donde circula el fluido caloportador. Y es que necesariamente un intercambiador debe situarse en el exterior y el otro en el interior. En una máquina de frío no reversible que solo produce frío, en el exterior tenemos la condensadora y dentro del habitáculo, el evaporador. En la bomba de calor reversible, que puede tanto aportar calor —en invierno— como sacarlo del edificio —en verano—, el concepto evaporador-condensador se mantiene, pero ya no podemos decir qué hay en el exterior y qué en el interior.

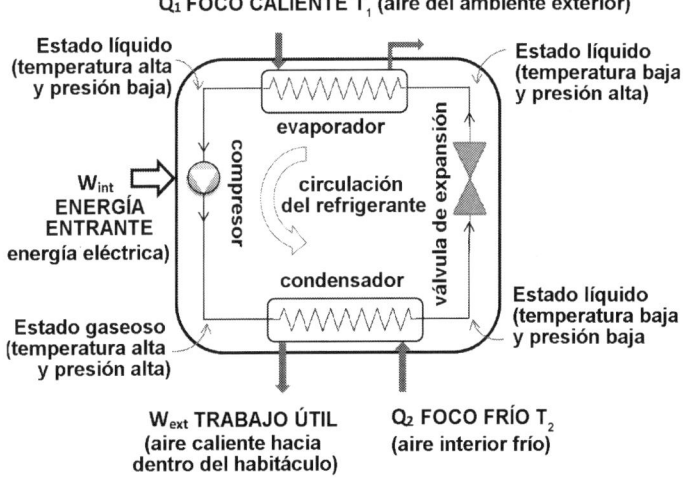

Ilustración 18. Esquema de operación de la bomba de calor en modo invierno (aportando calor al habitáculo: el aparato de dentro de la casa actúa como condensador). Fuente: elaboración propia.

Lo que es más importante para entender la bomba de calor reversible, es decir, la que aporta calor al edificio o lo extrae según la época del año, es que el aparato que hay dentro del habitáculo tiene las funciones de evaporador en verano y de condensador en invierno. Y es que estos dos aparatos son, de hecho, simplemente un intercambiador térmico. Lo que hace que una bomba de calor sea o no reversible es dotar el aparato de una válvula de evaporación que trabaje en ambos sentidos. La bomba que impulsa el fluido caloportador es la misma y el evaporador y el condensador son intercambiadores que pueden, tanto captar calor como sacarlo según convenga. Pero la válvula solo puede expansionar cuando el fluido viene en un sentido determinado. Por eso hay que dotar el sistema de dos válvulas de expansión colocadas en paralelo, pero una mirando en un sentido y la otra en el sentido contrario. Asimismo, hay que instalar en la entrada de cada válvula un dispositivo (de hecho, es una válvula antirretorno) que bloquea la entrada de fluido caloportador, cuando no conviene, a una u otra válvula de expansión. Así se regula el sentido que se quiere dar al fluido que circula dentro de la bomba de calor y se hace que funcione en modo verano o invierno: cerrando una y abriendo en la otra la válvula antirretorno, obligando así al fluido a girar en un sentido u otro, atravesando una u otra válvula de expansión.

La bomba se acciona eléctricamente (aportación de energía en forma de electricidad). El rendimiento de la máquina es el cociente entre el trabajo útil obtenido respecto de la energía que se ha aportado a la máquina para que funcione. Hablamos, en el caso del invierno, estación del año en la que queremos que la máquina aporte calor al habitáculo, del cociente entre el calor aportado al habitáculo y la electricidad aportada a la bomba de calor. Este rendimiento lo llamamos COP (del inglés *Coefficient of Performance*) cuando es para calor y EER (del inglés *Energy Efficiency Ratio*) cuando la bomba nos aporta frío al habitáculo. COP y EER son indicadores de la energía térmica de calefacción o de refrigeración que se introduce en la sala en relación con la energía eléctrica aportada.

Es por eso que el rendimiento de una bomba de calor presenta valores superiores al 100%, hecho que, de entrada, puede sorprender porque se entiende que un rendimiento, que es el cociente entre energía útil y energía inyectada a una máquina, nunca puede superar el 100%, ya que la máquina siempre tendrá pérdidas de energía. Y es que toda transformación de energía provoca pérdidas. Cuando una caldera nos da calor, por cada 100 unidades de gas que entran, sacamos 80 en forma de agua caliente. El rendimiento es, pues, del 80%:

$$Rendimiento = \frac{Trabajo\ útil}{Trabajo\ de\ entrada} = \frac{80}{100} = 80\%$$

De todos modos, en el caso de las bombas de calor tipo aerotermia, la energía de entrada es la electricidad que activa la bomba, y la que sale como energía útil es el calor (en invierno) o el frío (en verano) que entra en el habitáculo. La realidad es que la energía que entra en el habitáculo es mayor que la electricidad usada, porque hemos aprovechado la energía del aire ambiente gracias al ciclo termodinámico del fluido caloportador que circula por la bomba de calor. En modo verano, cuando enfriamos el interior de casa, aprovechamos el cambio de fase, es decir, el calor latente que nos cede el fluido caloportador que circula por dentro de la bomba de calor, que ha cogido «gratuitamente» del aire exterior (condensándose) y nos lo cede dentro del habitáculo (evaporándose). Por lo tanto, tenemos un numerador bastante mayor que el denominador. Hablamos de rendimientos del 250% e incluso, a medida que mejora la tecnología, rendimientos superiores. Como ejemplo, si instalamos una bomba de calor de 5 kW térmicos, es decir, que aportará al habitáculo 5.500 W de calor, nos consumirá unos 1.000 W eléctricos, por lo tanto, el COP será de 5,5. Si en verano, por la misma potencia eléctrica, nos aporta 2.720 W de frío, el EER será de 2,72. Fijémonos en que el COP es superior al EER. Las bombas de calor se diseñan para dar mejores prestaciones cuando aportan calor al habitáculo que cuando aportan frío. Estos rendimientos son instantáneos, es decir, para unas temperaturas concretas de fuente fría y caliente. La realidad, como hemos visto, es que en función del salto de temperaturas entre fuentes, el rendimiento varía sustancialmente. Por eso hablamos de rendimientos estacionales, para contemplar el máximo de situaciones de variabilidad de temperatura exterior.

En 2013, la Comisión Europea declaró que la aerotérmica era una energía renovable, a pesar de ser una máquina que se alimenta con una fuente no necesariamente renovable, pero indicó unos límites. Así, redefinió el concepto que se usaba de SPF, que es el rendimiento medio estacional de la máquina en modo activo, tanto en modo calor como frío, por el nuevo concepto de SCOP (del inglés: *Seasonal Coefficient of Performance*) y de SEER (del inglés: *Seasonal Energy Efficiency Ratio*). Para que una bomba de calor se considere energía renovable, debe presentar un SPF superior a 2,5 (es decir, un rendimiento global durante todo el año superior al 250%).

El SCOP y el SEER definidos en la normativa europea son los rendimientos estacionales, y eso significa que los fabricantes ya no podrán presentar el mejor rendimiento como producto de venta, sino que tendrán que explicar el rendimiento durante un año de funcionamiento. Y es que, como sabemos, el rendimiento varía sustancialmente según las temperaturas de fuente caliente y fuente fría en las que se mueve y, aplicando el concepto de máquina de Carnot, sabemos que a mayor gradiente entre una fuente y otra, más se resiente el rendimiento. Por lo tanto, la normativa obliga a simular una serie de estados de funcionamiento: modo funcionando a máxima potencia, inactivo, parado, en espera, etc. Así, al considerar las horas en cada estado y la potencia eléctrica que absorbe la máquina, así como las prestaciones térmicas que sirve dentro del habitáculo en función de temperaturas exteriores, podemos, al fin, disponer de un número que, para todos los fabricantes, se calcula en las mismas condiciones para poder comparar eficiencias y, sobre todo, evaluar si la bomba de calor puede o no considerarse una fuente renovable, porque presenta rendimientos lo suficientemente altos para que así sea.

Se distingue entre SCOP, al hablar de bombas de calor activadas por electricidad, y SPER, al hablar de bombas de calor activadas por una energía térmica (gas natural).

Finalmente, para cerrar este apartado sobre rendimientos, hay que ser conscientes de que la bomba de calor puede presentar problemas en épocas del año de frío o calor máximos. Estas épocas en las que el gradiente entre temperatura exterior e interior es tan alto, la máquina funcionará presentando rendimientos muy bajos. En estas épocas del año, entonces, hay que considerar acciones de climatización pasiva, hermetizar el edificio y ventilar lo justo para minimizar el intercambio de aire con el exterior.

Tipologías de bomba de calor según la fuente del ciclo termodinámico

Las bombas de calor, como hemos dicho, mueven un fluido caloportador de una fuente caliente a una fuente fría, haciendo un ciclo termodinámico. Para denominar las bombas, se usan dos términos: el primero considera la fuente exterior desde la cual la bomba de calor intercambia calor, seguido del segundo término que se refiere a la fuente interior de la casa o habitáculo donde se transfiere el calor. Como hablamos de una bomba de calor, se entiende que este intercambio puede tomar calor de la fuente exterior o cederla según nos interese y según la época del año en la que estemos. Lo relevante es que el primer término indica la fuente exterior y el segundo, la fuente interior.

Así, tendremos: 1) bombas agua-agua, que cambian calor con agua (lago, río o freático) para cederlo a un circuito de agua y 2) bombas agua-aire, que ceden calor al habitáculo a través del aire ambiente, que cruza el radiador y se calienta.

Hablaremos, en estos dos casos, de hidrotérmica o geotérmica, en el caso de tener freático bajo tierra.

También tenemos las 3) bombas aire-aire en las que, como se deduce, la fuente exterior es el aire ambiente y en la interior también es aire. Por lo tanto, tenemos un radiador en el exterior y otro en el interior. Alternativamente, hablaremos de la 4) bomba de calor aire-agua cuando en el interior calentamos agua con la bomba de calor.

En ambos casos, hablaremos de aerotérmica.

En términos de rendimiento, siempre que el agua juega un papel, el rendimiento es mayor, porque el agua presenta mejor capacidad de intercambio de calor que el aire, que, en términos generales, es mal transmisor de temperatura.

Tipologías de bomba de calor según el sistema que activa el compresor

La bomba de calor eléctrica

Como hemos visto, el ciclo termodinámico requiere una aportación de energía que se destina a dar presión al fluido caloportador para que circule cíclicamente de la fuente caliente a la fría, y otra vez a la caliente. Este accionamiento se puede hacer con electricidad, que es lo más habitual, especialmente en el entorno doméstico. Un motor eléctrico tiene un rendimiento muy alto, por encima del 90%, pero la energía eléctrica puede venir de fuentes renovables (perfecto) o de fuentes convencionales (gas o nuclear) y, por lo tanto, ha costado mucho generarla, en términos ambientales. Hay muchos tipos de compresores: tipo *scroll*, rotativos, de compresión, de caracol... Pero al fin y al cabo la operación es siempre la misma: comprimir el fluido y darle energía para que circule de un punto a otro de la bomba de calor.

Una de las virtudes de la bomba activada con electricidad es que se puede dotar de un sistema *inverter*, que es, de hecho, una regulación de la velocidad de giro del compresor en función de la frecuencia eléctrica de entrada al compresor. Esto solo se puede hacer con un motor eléctrico de inducción, pero prácticamente todos lo son. Y es que hay una correlación entre la energía eléctrica entregada al compresor y la frecuencia de la corriente alterna que la activa. A mayor frecuencia, mayor potencia da el compresor y, por lo tanto, más consume la bomba de calor. Y si queremos un poco de climatización y no toda la que la bomba de calor nos puede dar, ¿por qué no activar la bomba a plena potencia y después regular la salida? Es mejor usar la bomba a la velocidad que necesitamos según el nivel de climatización deseado. Es decir, regular inicialmente es mejor que regular después. Así, al regular el giro del compresor a la velocidad justamente necesaria para comprimir el fluido caloportador que se necesita según la demanda de climatización, optimizamos energía. Las bombas no dotadas de *inverter* funcionan con todo o nada. El *inverter* usa la energía eléctrica justa para accionar el compresor para que mueva el fluido justo que necesitamos para dar el clima programado en el habitáculo. Regular así permite ahorrar mucha energía.

La bomba de calor a gas

Alternativamente a la impulsión y presurización con sistemas eléctricos, existen en el mercado sistemas que activan el compresor a través de una máquina térmica, es decir, por proceso de combustión térmica. Dicho de otro modo, estas bombas de calor van dotadas de un motor de gas pequeño que activa el compresor. El hecho de usar un motor térmico que produce gases de escape implica que estos gases, como llevan temperatura, pueden introducirse en un intercambiador para calentar agua que servirá para la ACS. Este tipo de máquinas son adecuadas para grandes consumos (edificios terciarios o industrias) o zonas donde no llega la electricidad.

¿Qué es la energía aerotérmica?

La energía aerotérmica es la energía almacenada en forma de calor en el aire ambiente. Sigue el principio de un ciclo termodinámico como el definido por Carnot, de modo que se vehicula un fluido desde una fuente caliente hacia una fría para volver de nuevo a la caliente y reiniciar el proceso. Este proceso cíclico de recirculación activado por un compresor provoca cambios de fase sobre el fluido, de modo que absorbe calor y lo cede a medida que se evapora y se condensa. Así, se aprovecha la energía del calor latente para obtener rendimientos globales muy superiores al 100%.

La bomba de calor está formada por cuatro elementos: evaporador, compresor, condensador y válvula de expansión. Así, como en la máquina de frío el evaporador siempre aporta frío dentro del habitáculo o dentro de la nevera, en una bomba de calor, según la época del año, el evaporador es el equipo que hay en el exterior (modo invierno) o es el del interior (verano) porque evaporador y condensador cambian de funciones según convenga. Las bombas presentan un rendimiento estacional en modo de calor y uno en modo de frío: SCOP (del inglés: *Seasonal Coefficient of Performance*) y SEER (del inglés: *Seasonal Energy Efficiency Ratio*). Existen bombas de calor activadas por electricidad, y activadas por una energía térmica (gas natural).

Hay dos tipologías de bomba de calor según la fuente del ciclo termodinámico:

1) Hidrotérmica o geotérmica, que son bombas agua-agua, que cambian calor con agua (lago, río o freático) para cederlo a un circuito de agua o bombas agua-aire, que ceden calor al habitáculo a través del aire ambiente, que cruza el radiador y se calienta.

2) Aerotérmica, que son bombas aire-aire, cuando la fuente exterior es el aire ambiente y en la interior también es aire. Por lo tanto, tenemos un radiador en el exterior y otro en el interior. Hablaremos de bomba de calor aire-agua cuando en el interior calentamos agua con la bomba de calor.

La energía de la tierra (geotérmica)

La ya citada Directiva 2009/28/CE del Parlamento Europeo y del Consejo relativa al fomento del uso de energía procedente de fuentes renovables nos define «energía geotérmica» como la energía almacenada en forma de calor bajo la superficie de la tierra sólida.

Nos llega energía en forma de calor del centro de la Tierra. Esta energía que se libera de su núcleo a causa de la desintegración de isótopos radiactivos de uranio y torio y, en mucha menor medida, calor también emitido por los movimientos entre las capas que constituyen la corteza terrestre. Por lo tanto, de todas las renovables que hemos explicado, esta es la única que no emana del astro Sol. Y es que el viento se produce por diferencias de temperatura de la atmósfera y el agua de lluvia es el resultado de la evaporación de agua gracias a la acción del Sol. La biomasa también crece gracias al proceso de fotosíntesis que pueden hacer las plantas con la luz del Sol y el dióxido de carbono que capturan. Pero la geotérmica nace de las entrañas de nuestra Tierra.

Al hablar de geotérmica, podemos distinguir dos niveles muy diferentes de aprovechamiento térmico, cada uno con la solución tecnológica correspondiente: por un lado, hablamos de 1) el aprovechamiento de esta energía térmica almacenada en el subsuelo —aguas termales, géiseres, vapor de agua, volcanes— y, por otro, hablamos de 2) el aprovechamiento de la temperatura que se mantiene constante en nuestro subsuelo para usarlo como fuente caliente o fría de un ciclo termodinámico como el que hemos hablado en el apartado del aprovechamiento del aire ambiente con la bomba de calor aerotérmica.

Geotérmica para producir electricidad

La geotérmica de media y alta temperatura aprovecha la energía propia de la Tierra que encontramos a alta temperatura y que emana de debajo de la corteza terrestre. Para trasladar este calor hacia la superficie y poder usarlo, se usa agua que se inyecta y vuelve a elevada temperatura en forma de vapor o líquida a alta presión. Este aprovechamiento no es posible en cualquier sitio, ya que hay que tener al alcance una fuente de magma al menos a unos 500 °C y hay que poder bajar, según el caso, entre 3.000 y 10.000 metros de profundidad. El agua a alta presión o directamente el vapor que sube está a temperatura entre 100 y 400 °C. Este aprovechamiento de calor se destina básicamente a climatizar espacios. Islandia, uno de los países que más la usa, climatiza una gran parte de sus viviendas con esta fuente. El 90% de las viviendas de su capital cubren la climatización con el calor del subsuelo. Pero esta energía también la podemos usar para producir electricidad. Especialmente cuando disponemos de alta temperatura. También es posible aprovechar aguas subterráneas a «solo» 150 °C para generar electricidad, aunque en este caso es más habitual destinar el recurso a climatizar barrios con redes de calor o aportar la energía para algún proceso industrial que requiera temperaturas de este nivel.

Esta energía térmica se usa sobre todo para producir electricidad mediante centrales termoeléctricas. El primer kWh eléctrico generado con sistemas geotérmicos lo situamos en 1904 en Italia y, desde entonces, se han desarrollado diversas tecnologías. Actualmente, hay instalada una capacidad de generación eléctrica de 13.000 MW, que representa un 6,5% del potencial que calcula la Asociación Española de Energía Geotermia. El país con mayor capacidad instalada es, por ahora, Estados Unidos, seguido por Filipinas, aunque, como hemos dicho, ya hace mucho que en el norte de Europa se usa la geotermia con fines termales. La geotérmica de alta temperatura se considera una renovable porque la extracción de calor del subsuelo es casi imperceptible considerando el calor total que emite la Tierra y, por lo tanto, es una fuente de energía inagotable. Pensemos que el núcleo terrestre está a más de 5.000 °C de temperatura. A nivel de corteza terrestre, por cada 1.000 metros que bajamos Tierra adentro, la temperatura aumenta de media 50 °C.

Se han desarrollado tres tipos de centrales termoeléctricas de aprovechamiento geotérmico. Todas ellas funcionan a base de pasar vapor por una turbina de vapor que, al girar, acciona un alternador que va solidariamente unido al eje de turbina. Lo que diferencia una tecnología de otra es la forma como se obtiene el vapor. Así, hay 1) centrales de vapor seco, que turbinan directamente el vapor que sube a unos 150 °C desde el pozo y, ya turbinado, el condensado que sale se reinyecta en el subsuelo vía otro pozo alejado del de extracción; 2) las centrales flash, que extraen agua a presión desde el subsuelo para inyectarlo a un depósito donde se vaporiza una parte (por efecto de la expansión y bajada repentina de la presión) que será turbinada posteriormente y 3) las centrales binarias, que usan agua termal a unos 60 °C, que calienta un fluido caloportador que, al subir de temperatura, se vaporiza y se puede turbinar, condensándolo y volviendo a repetir el ciclo. Son sistemas con rendimientos relativamente bajos (inferiores al 15%), pero dado que usan energía de origen renovable nos lo podemos permitir.

Geotérmica para climatizar

La geotérmica de baja temperatura, igual que en el caso del aprovechamiento de la energía térmica del aire ambiente para calentar en invierno y enfriar en verano, en este caso usa el calor del subsuelo, que se lleva al habitáculo en invierno y se hace al revés en verano. Entonces, hablamos de bomba geotérmica que permite obtener temperaturas de hasta 50 °C. Se considera, igual que en el caso del aire ambiente, que es una energía renovable porque es una temperatura que se mantiene constante a lo largo del tiempo y que, por lo tanto, se convierte en una fuente inagotable de energía térmica que podemos aprovechar si tenemos las máquinas necesarias para disponer de calefacción, agua caliente sanitaria (ACS) e incluso refrigeración.

No todos los subsuelos son apropiados para la geotérmica ni toda la tierra nos aporta las mismas condiciones.

Cualquier intención de instalar un sistema geotérmico requiere ejecutar un proyecto detallado que empieza por un trabajo geotécnico que extrae muestras del subsuelo y una evaluación del recurso térmico y su comportamiento a lo largo del tiempo. Es posible que un subsuelo determinado acabe por saturarse si la potencia térmica que requerimos sobrepasa la capacidad del subsuelo de evacuar sus calorías o frigorías (según sea el caso). Dicho de otro modo, podemos llegar a calentar (es el caso más común en toda la cuenca Mediterránea) o enfriar en exceso el subsuelo de modo que la temperatura vaya variando y el recurso de disipación disminuya. No obstante, en la práctica esto no pasa y, del estudio geotécnico y de recurso térmico, se concluye que la capacidad del subsuelo para disipar es infinita. Si no, no podríamos hablar de una fuente renovable.

En función de la capacidad de disipación o de energía que aporta el subsuelo, clasificamos la geotérmica en tres categorías: 1) muy baja temperatura —inferior a 30 °C—, que es lo más común, y con pozos de 2 a 120 metros de profundidad; 2) baja temperatura, con temperaturas de operación de hasta 100 °C para usos industriales y con pozos de unos 150 metros de profundidad y 3) alta temperatura, con rangos de hasta 400 °C o en ocasiones más, para generación de electricidad.

En cuanto a la geotérmica de baja temperatura, el equipo para sacarle provecho es la bomba de calor. Es la misma que la bomba de la aerotérmica, pero en lugar de intercambiar con el aire ambiente, se intercambia calor con el subsuelo.

Los pozos pueden ser verticales u horizontales. Lo importante es que el pozo tenga superficie suficiente para cambiar temperatura con el fluido caloportador que se lleva hasta la bomba de calor.

En el circuito cerrado se hace circular un fluido caloportador (agua glicolada) que toma o cede calor (según sea invierno o verano) y lo lleva a la bomba de calor, donde, a su vez, cede el calor que lleva o lo captura del habitáculo para llevarlo al subsuelo. El fluido caloportador recircula de forma infinita. En la mayoría de casos, se trata de circuitos cerrados, tanto si son verticales como horizontales. Un caso particular, no habitual, de la geotérmica es que opera en circuito abierto. Una geotérmica en circuito abierto es la que toma agua del subsuelo (freático), la usa dentro de la bomba geotérmica y la reinyecta al freático. Es decir, el agua de acuífero que hace la función de fluido caloportador se usa a nivel térmico, pero se devuelve sin consumirla. El circuito abierto presenta mejores rendimientos que el circuito cerrado, pero requiere más permisos y circunstancialmente también tiene que hacer frente a tasas por uso del recurso hídrico, aunque se devuelva al subsuelo.

Es muy relevante saber que en el subsuelo siempre hay agua (a nivel freático). Por lo tanto, la geotérmica es básicamente una disipación de calor en el medio hídrico subterráneo. Este freático lo encontramos mezclado con el suelo (para entendernos, como la arena de playa). Para conocer bien la capacidad de transmisión de calor del subsuelo hay que conocer muy bien cómo se desplaza el freático. Por lo tanto, no es un análisis de transmisión de calor por conducción en un sólido, sino de transmisión de calor, también, por transporte de calor a través del freático. Cada pozo genera a su vez una «mancha» de calor que puede interferir con el pozo vecino. Si no hubiera freático, la mancha de calor sería una circunferencia alrededor del pozo, pero al haber desplazamiento, se crea una lágrima alargada. Esta lágrima será más o menos extensa en función de la porosidad del suelo y de la velocidad de desplazamiento del medio hídrico. Es un error muy grave analizar la capacidad térmica del suelo sin tener en consideración que hay un freático que se desplaza. Siempre hay que hacer un análisis de permeabilidad térmica y una modelización hidrológica para conocer las condiciones de disipación térmica del subsuelo.

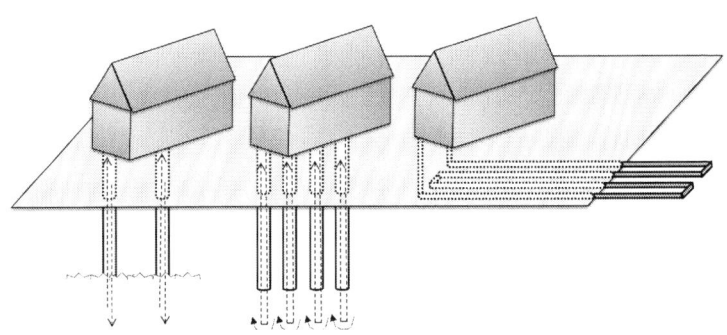

Ilustración 19. Esquemas de funcionamiento de geotérmica: ciclo abierto vertical contra freático (izquierda), ciclo cerrado vertical (centro) y ciclo cerrado horizontal (derecha). Fuente: elaboración propia.

Por lo tanto, para saber la capacidad de transferencia del suelo (¡con su freático incluido!) hay que determinar tres parámetros indispensables que condicionan la energía térmica que se puede obtener: 1) la disponibilidad del recurso hídrico (a mayor recurso, más transferencia de calor entre el suelo y el fluido caloportador), 2) el caudal del fluido caloportador que se inyecte y se extraiga y, sobre todo, 3) la permeabilidad del terreno.

Para determinar las condiciones del terreno se realizan prospecciones llamadas Test de Respuesta Térmica (abreviadas como TRT). Del pozo que se hace se extrae el perfil vertical mediante la obtención de muestras que se almacenan en las cajas de testigo, que se analizan posteriormente en el laboratorio. Es importante saber el comportamiento de cada material en cada nivel que se cruza al ir agujereando. Habrá niveles con materiales muy poco permeables o niveles con arenas más permeables por los cuales será más fácil disipar calor, porque el agua discurrirá más fácilmente.

También hay que realizar un perfil en planta para conocer el comportamiento que tendrían otros pozos ubicados en la parcela y evitar que unos interfieran térmicamente con otros. Este análisis de planta debe incluir la caracterización del freático. En la práctica, se trata de conocer la velocidad del freático para saber cómo «transportará el calor». La velocidad del freático se obtiene conociendo 1) el sentido del flujo que deriva al establecer la diferencia de nivel, es decir, el gradiente hidráulico (no en superficie, sino de los niveles del subsuelo, que son impermeables por encima de donde se desliza el agua) y 2) la permeabilidad del material. Cada capa presenta una permeabilidad diferente y una velocidad de deslizamiento del agua diferente y, en consecuencia, un comportamiento térmico u otro.

La energía que se puede obtener del subsuelo se puede calcular a partir del caudal del fluido caloportador, de las temperaturas de entrada y salida de este fluido y de las características hidrogeológicas del subsuelo.

Como ya hemos dicho, cada nivel tendrá características diferentes de permeabilidad, etc., y, por lo tanto, cada capa del subsuelo dará unas propiedades de intercambio térmico u otras. La profundidad del pozo depende de lo que encontremos al perforar. Normalmente, los pozos se hacen de 100 a 120 m de profundidad, pero en realidad el pozo debe tener una profundidad que sea suficiente para obtener los kW térmicos que deseemos para cada pozo. Dicho de otro modo, hay que perforar solo hasta la profundidad necesaria porque no sirve de nada perforar mucho y vehicular el fluido caloportador arriba y abajo si es suficiente transferir una cantidad significativa de calor con las capas superiores. Hablamos a menudo de los 120 metros porque estadísticamente es la profundidad que asegura un buen rendimiento.

Finalmente, un elemento también muy importante para diseñar correctamente un sistema geotérmico es conocer el ciclo de comportamiento del suelo. En invierno, cuando hay que calentar el habitáculo, significa que extraemos calor del subsuelo para llevarlo al habitáculo. En verano es al revés. Así, se genera un ciclo de aportación de calor (para enfriar la vivienda) y de extracción de calor (para calentarla). Sobre el papel, se podría pensar que unas temporadas al año calentamos, pero otras enfriamos, de modo que, en el fondo, usamos el subsuelo como batería térmica, acumulando calor en verano para aprovecharla en invierno. Así, generaríamos un ciclo de calentamiento-enfriamiento de temporada. El problema es que, especialmente en zonas cálidas como la cuenca Mediterránea, los meses calurosos acostumbran a superar a los meses fríos, de modo que se puede ir saturando el suelo porque vamos inyectando calor y en invierno no evacuamos lo suficiente porque no hay tantos meses de necesidad de calefacción. Hay que estudiar este ciclo para no encontrarnos, 10 o 15 años después, con una geotérmica que no nos da rendimiento.

Tipos de geotérmica

Geotérmica de ciclo abierto

Como se ha comentado, un ciclo abierto se caracteriza por la extracción de agua del freático que se lleva a la máquina de climatización y se reinyecta en otro pozo alejado con tal de no interferir en la temperatura de extracción. Un sistema abierto permite extraer mayor caudal y, por lo tanto, más energía que un sistema cerrado.

Geotérmica de ciclo cerrado

Un sistema cerrado consiste en una serie de pozos por los cuales se baja un fluido caloportador que intercambia temperatura con el subsuelo y se devuelve para llevarlo a la máquina de clima y de vuelta al subsuelo en un ciclo cerrado. Es decir, no se extrae materia del subsuelo — agua del freático—, únicamente se extrae energía a través del fluido caloportador. Se necesitan más pozos que en un sistema abierto, porque se vehicula menor caudal de fluido caloportador por pozo que respecto a un sistema abierto en el que el caudal de freático, que es el mismo fluido caloportador, es bastante mayor.

Geotérmica como central de una red urbana de calor y frío

La tecnología de geotermia es muy apropiada y, de hecho, se está usando de forma muy extendida por toda Europa como fuente de energía centralizada para las redes urbanas de calor y frío.

Una red urbana de calor y frío (conocida en inglés como *district heating and cooling* y abreviada como DH&C) es una red de tubos subterráneos que llevan agua para climatizar edificios. Hay de dos tubos y de cuatro. La red de dos tubos se usa normalmente para distribuir calor en forma de agua caliente como fluido caloportador, cediéndola a las casas del barrio y devolviéndola, más fría, a la central para volver a ser calentada y enviada a las casas. Un tubo lleva agua caliente y el otro la devuelve, más fría, a la central. Pero también hay redes de 4 tubos. Un par vehiculan el agua caliente (ida y vuelta) y el otro par, el agua fría (ida y vuelta). Así, el agua fría y el agua caliente se impulsan desde la central de energía hasta los puntos que requieren agua caliente (sanitaria o para calefacción) y fría, para refrigerar. Son sistemas eficientes, ya que la generación de climatización de forma centralizada optimiza recursos de generación y los equipos grandes siempre presentan mayor eficiencia que los individuales.

Las redes de calor y frío han evolucionado mucho desde que se empezaron a extender a principios del siglo XX. En Europa, la primera red se encuentra en Dinamarca (1903) y se extendió tanto la tecnología que en 1970 el 30% de las casas danesas estaban conectadas a una red de calor.

Actualmente, ya se habla de las redes de 5ª generación (abreviadas como 5GDH). A medida que avanzan la tecnología y los materiales, cada vez tenemos redes más eficientes, ya que la tecnología de generación de agua caliente y fría evoluciona a mejor, porque la tecnología de aislamiento de tuberías subterráneas también usa mejores materiales y avanza el diseño de las mismas redes en su conceptualización. Así, cuando en la década de 1900 empezamos a desarrollar las primeras redes de distribución, funcionaban con calderas que quemaban carbón para suministrar calor a las casas cercanas y no se pensaba en la red de frío. La central de carbón generaba vapor que nos servía para producir electricidad y para calentar a los vecinos llevándoles vapor a casi 300 °C y mucha presión (20 bar) desde la central. Eran las primeras redes y las llamamos de 1ª generación. A menudo había fugas de vapor que daban lugar a las imágenes de ciudades norteamericanas en las que sale vapor del subsuelo. De hecho, Nueva York aún opera una red de vapor. Posteriormente, las de 2ª (vehiculaban agua presurizada a más de 100 °C) y 3ª generación (vehiculaban agua por debajo de 100 °C) se caracterizaban por sistemas de generación cada vez más limpios que aprovechaban también calores residuales procedentes de industrias del alrededor. Las de 4ª generación son redes que vehiculan agua a 80 °C y que casan demanda de frío y calor de unos consumidores con calor y frío excedentarios a otros consumidores, haciendo las funciones de acumulador y batería térmica y haciendo una gestión inteligente de los recursos energéticos de todo el entorno por donde discurre la red. Así pues, presentan una situación un poco más compleja hidráulica y energéticamente, dado que hay aportaciones y extracciones continuadas en diferentes puntos, suministrando calor o frío en diversos puntos de consumo de forma simultánea y aprovechando la energía residual de un consumidor para otro que lo necesita.

Entonces, cada generación de red vehicula fluido (primero vapor, después agua), cada vez a menor temperatura, pero obteniendo mayores eficiencias globales y conectando más sistemas de generación y más tipos diferentes de consumidores.

Las redes de 5ª generación, empezadas a desarrollar a partir del 2020, son redes que operan de manera completamente diferente.

Todas las generaciones de red siguen el modelo «generación - distribución - consumo en edificios - vuelta a la central de energía» y estas cuatro generaciones de red funcionan con dos tubos (si solo se vehicula agua caliente para ACS o calefacción) o con 4 tubos (si, además, se vehicula agua fría para climatizar en verano). La quinta generación siempre es una red de dos tubos. Es una red que lleva agua a temperatura inferior a 25 °C y, por lo tanto, una temperatura muy cercana a la del subsuelo, de modo que se eliminan pérdidas de calor y cada consumidor de energía dispone de un sistema propio de generación de climatización (bomba de calor) que traba- ja contra la red que vehicula agua a una temperatura es- table todo el año. De este modo, cada edificio dispone de una bomba de calor agua-aire o agua-agua que presenta rendimientos superiores a los de las bombas aire-aire o aire-agua. Y es que, a pesar de las virtudes de la aero- térmica, el aire no es un buen medio: cuando queremos frío, el aire ambiente exterior es caliente y cuando que- remos calor, el aire ambiente exterior es frío. Por eso la geotérmica es un buen medio, silencioso, invisible desde el exterior, requiere menos equipos e incluso, en ocasio- nes, podemos refrigerar sin necesidad de un compresor, especialmente en los países del norte de Europa.

La red de 5ª generación (5GDH) es, en definitiva, un anillo de agua a temperatura estable que transporta ener- gía térmica desde diversos recursos, cruzando parcelas de vecinos, a una temperatura cercana a la que tiene el subsuelo, que, como hemos dicho, casi no hay pérdidas de calor. Estas redes se pueden combinar con las redes clá- sicas, pero lo que es realmente relevante es que permite aprovechar mucho más la energía residual que hay en las edificaciones e industrias cercanas. A medida que bajamos la temperatura de la red de distribución nos permite apro- vechar calores residuales (de baja temperatura) que antes tirábamos y, por lo tanto, podemos minimizar fugas de energía y, así, optimizar el balance energético global.

La geotérmica es una fuente energética muy buena, especialmente para este tipo de redes de 5ª generación ya que durante todo el año pueden suministrar fácilmente estas temperaturas bajas por debajo de los 25 °C, que vehiculará el anillo de energía hacia las casas en las que encontraremos las bombas de calor que trabajarán contra el anillo. Se consiguen eficiencias energéticas muy altas y se ocupa menos subsuelo al ser un sistema de dos tubos.

En definitiva, la geotérmica presenta, como bomba de calor, mejor rendimiento que la aerotérmica, porque es una bomba que usa agua como fuente, que conlleva rendimientos de COP muy altos, de hasta 7. Pero, por contra, hay que restarle el «coste» energético de tener que bombear agua de los pozos hasta la bomba de calor, que no es un gasto menospreciable.

¿Qué es la energía geotérmica?

La energía geotérmica es la energía almacenada en forma de calor bajo la superficie de la tierra sólida. Proviene del calor liberado en las reacciones de desintegración de isótopos radiactivos de uranio y torio, pero también de los movimientos tectónicos de la corteza terrestre.

Hay dos niveles muy diferenciados de aprovechamiento térmico: 1) el aprovechamiento de la energía térmica almacenada en el subsuelo —aguas termales, géiseres, vapor de agua, volcanes— y 2) aprovechamiento de la temperatura que se mantiene constante en el subsuelo al usarlo como fuente caliente o fría de un ciclo termodinámico.

En el segundo caso, los pozos de geotérmica pueden ser verticales (a un coste de perforación de más de 30 €/m) y horizontales a precios de entre 20 y 35 €/m perforado. Lo importante es que el pozo tenga superficie suficiente para cambiar temperatura con el fluido caloportador que se lleva hasta la bomba de calor.

¿Y en casa?

La geotérmica es una tecnología de muy alta eficiencia, pero su instalación conlleva conocer las ventajas e inconvenientes:

En positivo:
- Es un buen medio, silencioso, invisible desde el exterior, requiere menos equipos e incluso, en ocasiones, podemos refrigerar sin necesidad de un compresor, especialmente en los países del norte de Europa. Otorgan mejor rendimiento estacional que las aerotérmicas.
- Es muy apropiada para usos industriales.
- Presenta, como bomba de calor, mejor rendimiento que la aerotérmica, porque es una bomba que usa agua como fuente, que conlleva rendimientos de COP muy altos, de hasta 7.

En negativo:
- Los pozos tienen una vida útil, son sistemas enterrados que, pasados los años, habrá que pensar si se pueden recuperar en el caso de que fallen.

- Es un sistema que no admite mucha alternativa: una vez instalado, es difícil sustituirlo.
- Hay que restarle el «coste» energético de tener que bombear agua de los pozos hasta la bomba de calor, que no es un gasto menospreciable.

La energía del mar (mareomotriz y energía de las olas o undimotriz)

Una de las formas que hemos visto para generar electricidad de forma renovable es aprovechar algún fenómeno natural que provoque movimiento. El agua, en el caso de la hidráulica que mueve ruedas y turbinas, el viento que mueve palas de aerogeneradores, etc. Del mar podemos aprovechar dos movimientos: las corrientes que circulan por su interior y el movimiento superficial que se produce, tanto por las olas como por las mareas.

En el primer caso se usa la energía cinética que lleva el agua. Como si fuera un molino de viento sumergido. En el segundo caso, se aprovecha la energía potencial de subida y bajada de las mareas. Este ir y venir de las mareas se aprovecha al hacer pasar el agua por un canal, de modo que, cuando la marea sube por un canal construido a tal efecto, circula agua hacia el embalse y, al bajar, lo hace en sentido contrario. Es decir, no se usa un dispositivo de pistón que sube y baja, como se podría pensar, sino que una turbina dentro del canal que trabaja cuando el agua circula tanto al subir la marea y llenar el embalse, como en sentido contrario, cuando a marea baja y lo vacía.

El intento de aprovechar la energía de las olas para obtener un trabajo útil se remonta a principios del siglo XX en California, pero no ha sido hasta ahora, cien años más tarde, que se han empezado a desarrollar plantas como el proyecto *Pico Wave Power Plant* en la isla de Pico, en las Azores, de 400 kW, o el proyecto *Land Installed Marine Power Energy Transmitter*, de 500 kW, en la isla Islay, en Escocia.

Son tecnologías poco implantadas y no son aplicables en todos lados. Por ejemplo, para aprovechar la fuerza de las olas se necesitan ubicaciones con profundidades de más de 50 metros, pero no superiores a los 100 m y, además, deben ser zonas no muy alejadas de la costa. Su desarrollo está estancado debido a que otras tecnologías renovables están viviendo un incremento exponencial de demanda, de modo que la tecnología ha virado hacia ellas para mejorarlas. Esta especialización tecnológica dentro del ámbito de las renovables ha dejado tecnologías como la mareomotriz en un segundo plano.

Hay ejemplos de centrales que funcionan muy bien. Por ejemplo, la central coreana de Sihwa Lake, con una potencia de 254 MW.

La más conocida en Europa es la central Rance Tidal, situada en el río Rance en Bretaña. Es una planta de 1966 que produce 600 millones de kWh al año de energía (10 MW de potencia) y que, a pesar de ser una tecnología libre de emisiones de GEI, provocó un impacto ambiental importante en el ecosistema. En Mutriku, en el País

Vasco, en 2011 se inauguró la planta más grande de olas a nivel europeo, con una potencia de 296 kW eléctricos que produce casi 1 GWh al año de electricidad. Aprovecha la subida y bajada de las olas para vehicular aire.

En definitiva, la energía del mar es una energía poco aprovechada porque no se ha trabajado mucho en ella y porque no es fácilmente aprovechable en cualquier sitio. Otras tecnologías como la eólica y sobre todo la fotovoltaica han recibido más atención. Pero la realidad es que la energía contenida en las olas se calcula que es, por unidad de superficie, unas 20 veces superior a la del Sol que podemos aprovechar con la fotovoltaica o la del viento que podemos aprovechar con la eólica y, por lo tanto, la energía mareomotriz presenta un potencial altísimo.

El almacenaje de energía (agua, pila electroquímica, geotérmica, hidrotérmica e hidrógeno)

El almacenaje no es en sí mismo una energía renovable. Eso es evidente. Pero es tan relevante que debemos hacer, como mínimo, un apunte breve. Y es que el almacenaje de energía, en cualquiera de sus formas, es el eslabón indispensable para casar la oferta de energía renovable con la demanda. Ya hemos comentado que la energía eléctrica renovable no se produce cuando queremos, sino cuando hay disponibilidad de recurso. Decimos que es una energía intermitente.

Así que corremos el riesgo de no tener energía cuando la necesitamos en casa o en la empresa. Todos los usuarios de energía, en nuestro día a día, somos totalmente imprevisibles en su uso y encendemos y apagamos luces y ponemos lavadoras cuando nos va bien. Pero siempre tenemos electricidad a nuestra disposición. Hay que producir la electricidad exactamente en el momento que la usamos y, por lo tanto, podemos imaginar lo complicado que puede llegar a ser coordinar la producción con la demanda indisciplinada. Sin embargo, sorprendentemente, todos los usuarios de energía considerados de forma agregada somos extraordinariamente previsibles. A gran escala, todos los consumidores juntos actuamos de forma previsible. La imprevisibilidad individual desaparece gracias a la agregación de todos los usuarios y teniendo en consideración el histórico de datos de consumo de años anteriores en la fecha en la que estamos.

Así, en cada país, los respectivos operadores del mercado mayorista eléctrico casan, de un día para otro y para cada hora del año, ofertas de volumen y precio de electricidad de productores y generadores renovables, por un lado, con demandas de volumen y precio, que compran las distribuidoras y comercializadoras eléctricas por el otro. Esto se hace cada día del año y para el día siguiente. Naturalmente, a medida que avanza la jornada, hay ajustes de mercado (llamados mercados intradiarios) y evidentemente también hay ajustes de sistema, que indica el operador técnico del sistema (OTS), que es el que vela para que la electricidad llegue a casa a través de km y km de líneas de red.

En un proceso de transición energética que consiste en la reconversión de sistemas de producción convencional a sistemas completamente renovables y, por lo tanto, de producción eléctrica en función de los recursos naturales cambiantes, la acumulación de energía toma un valor casi transcendental. Para hacernos una idea de lo que hablamos: si desconectamos 3 centrales nucleares que suman unos 3.000 MW eléctricos (que funcionan 8.000 horas equivalentes al año) necesitaremos al menos 12.000 MW de instalaciones de energía renovable (que funcionan unas 2.500 horas equivalentes al año). Este factor de multiplicar por 4 la potencia instalada se puede reducir si introducimos el almacenaje como factor estratégico en el balance energético.

En este ámbito interesa darse cuenta de que hablamos de una acumulación diaria y de otra estacional, que no tienen nada que ver la una con la otra. Así, mientras que en un caso hay que estudiar el almacenaje durante el día para tener disponibilidad de electricidad por la noche, que es la típica situación de un consumidor doméstico con fotovoltaica y batería en casa, en el otro hablamos de una reserva de energía de estación de verano a invierno. Esta la llamamos almacenaje estacional, y es algo que deben planificar los gobiernos y las empresas productoras.

Hay tres tipos de almacenajes estacionales: el hidráulico, el electroquímico y el térmico.

Almacenaje hidráulico

En relación al almacenaje hidráulico, hablamos de las ya explicadas hidroeléctricas reversibles, que bombean agua hacia arriba cuando hay excedente de energía eléctrica en el sistema nacional y la bajan para turbinarla cuando deben producir. Naturalmente, una hidráulica reversible no se construye para acumular, sino para optimizar económicamente su explotación. Así, cuando el precio del kWh es bajo, el operador sube agua para bajarla cuando es caro. Ciertamente, hay una correlación entre precio bajo y energía excedentaria y precio alto cuando hay necesidad de muchos kWh. De todos modos, la hidráulica reversible es un muy buen mecanismo para conservar energía en la cabecera de los ríos cuando haya escasez de electricidad para bajarla del embalse y producir. Todo esto, evidentemente, con la preceptiva aprobación de las autoridades reguladoras del ciclo del agua. En este ámbito hay que destacar uno de los proyectos más ambiciosos que se está trabajando en Europa: la central reversible Gironès-Raimat, en Cataluña, de 3.000 MW de potencia de generación y que ha sido declarado proyecto estratégico por la Unión Europea.

Almacenaje electroquímico: las gigafactorías

En cuanto al almacenaje electroquímico nos referimos, hablando a nivel estacional, a las gigafactorías de batería, que acumulan electricidad para devolverla a la red eléctrica cuando se necesita. Estas plantas se han instalado en Estados Unidos, pero son diseños que se espera que evolucionen, de modo que aporten cada vez mayor densidad de acumulación medida en energía, en kWh por kg de peso, y conocida como indicador de densidad energética. La empresa china CATL apunta valores para baterías de litio de 500 Wh/kg y su Instituto de Física de la Academia de Ciencias ha anunciado valores de 700 Wh/kg. Para hacernos una idea, los valores estándar hoy en día de densidad serían unos 110 Wh/kg y precios, de unos 450 €/kWh. Hay baterías de litio de tecnología NCM (litio combinado con níquel, cobalto y manganeso) y de LFP (litio combinado con hierro y fosfato), pero se está trabajando con otras tecnologías como las baterías de sal de sodio o las de litio y azufre.

Si un ámbito energético presenta alta proyección de crecimiento, desarrollo tecnológico y optimización de costes, es el de la batería. Es como si estuviéramos en los primeros años de desarrollo de la celda de silicio de la fotovoltaica —en los años 60— pero ahora, en el sector de la acumulación de energía, la densidad de batería es importante, sobre todo en aplicaciones de movilidad, donde el peso, especialmente en aeronáutica, es sumamente importante. En cambio, en batería estacionaria, para colocar en casa, lo más relevante es el precio.

Almacenaje térmico: el hidrógeno verde

Finalmente, también podemos acumular energía térmica. Si nos referimos a acumulación diaria, hablamos de almacenar en verano energía térmica en forma de refrigeración de grandes piscinas por la noche, cuando la electricidad es más económica, para poder climatizar espacios adyacentes con el frío del agua que vehicularemos por el recinto. O al revés, en invierno, acumular agua caliente para disponer de ella cuando la electricidad es cara. Estos dos sistemas se usan especialmente cuando hay redes urbanas de calor y frío: entonces la central productora gestiona la cobertura de demanda así, optimizando costes. Cuando hablamos de acumulación de temporada, podemos hacer esto con geotérmica en verano, vertiendo calor en el subsuelo y recuperándolo en invierno.

Pero sobre todo, en relación con el almacenaje de temporada, hablamos de generar biocombustibles o generar hidrógeno a partir de electricidad y reutilizarlo para crear electricidad oxidándolo en una celda de combustible.

Podemos obtener hidrógeno fracturando la molécula de metano (CH_4) mediante alguno de los procesos siguientes:

1) Por adsorción mediante aportación de agua en estado de vapor y calor.
2) Por oxidación parcial del metano con oxígeno puro.

También se puede obtener mediante el proceso de electrólisis del agua (H_2O), de modo que, al aplicar electricidad al agua, la descomponemos en hidrógeno y oxígeno.

Podemos usar el hidrógeno para almacenar y, en el ámbito energético, para volver a generar electricidad, pero también se puede usar en vehículos de hidrógeno (especialmente para rutas largas y vehículos de alto tonelaje) o para la aeronáutica. Pero también se puede usar como fuente térmica en cementeras, hornos industriales e industrias en general que no pueden electrificar su proceso térmico y, así, evitan usar gas natural o GLP.

Las perspectivas para el hidrógeno son altísimas y, de hecho, Alemania lo contempla como fuente estratégica en su planificación energética a medio plazo. Por todo esto, según *The Economist*, se espera que de cara a 2050 haya una demanda de más de 500 millones de toneladas anuales de hidrógeno.

Lo más importante de todo es que el hidrógeno debe ser verde. Es decir, siempre debe obtenerse mediante fuentes renovables. Así, la electrólisis del agua debe hacerse necesariamente usando electricidad renovable. No tiene sentido producir hidrógeno con electricidad que, a su vez, hemos creado quemando gas natural.

Al hidrógeno obtenido para uso energético se le asigna un color para diferenciarlo según la forma de obtención. Así, todos sabemos si el hidrógeno es limpio, menos limpio o directamente proviene de fuentes fósiles y, por lo tanto, seguro que no se podrá considerar renovable. Lo que define el «color» del hidrógeno es la cantidad de emisiones de gases de efecto invernadero (GEI) que derivan de él. Por eso, para clasificar el hidrógeno se toman en consideración tres factores: 1) la molécula de la que partimos —de metano o agua— para obtener el hidrógeno, 2) la fuente de energía —verde o fósil— que usamos para fragmentar la molécula de donde obtendremos el hidrógeno y 3) el postratamiento de las materias resultantes que derivan del proceso productivo de obtención del hidrógeno.

COLOR DEL HIDRÓGENO	PROCEDIMIENTO DE OBTENCIÓN
Marrón	Proviene de la gasificación del carbón y en su proceso emite CO_2 (ver capítulo de la Energía de la materia orgánica)
Gris	Proviene de la molécula del metano y en su proceso emite CO_2
Azul	Proviene del metano o del carbón pero se captura el CO_2 emitido evitando emisiones a la atmósfera asociadas a la producción
Rosa	Proviene de la electrólisis del agua usando electricidad de origen nuclear
Verde	Proviene de la electrólisis del agua usando electricidad de origen renovable

Tabla 7. Los colores del hidrógeno.

Finalmente, para terminar este apartado relativo al almacenaje, hay que recordar que no hay mejor almacenaje que la gestión de la demanda. Cuando hablamos de gestión de la demanda nos referimos al desplazamiento de los consumos a horas en las que el precio es más bajo, que debemos suponer que es cuando hay excedente de electricidad. No hay nada más pernicioso para cualquier infraestructura, también las energéticas, que la acumulación de puntas de demanda en momentos determinados y después el desuso en el resto de horas. Pasa con todo, por ejemplo, con el transporte público, cuando acumulamos demanda a primera hora del día y el servicio no puede cubrir las necesidades con calidad, pero después el servicio queda en desuso durante muchas horas del día, aunque se debe seguir prestando. También pasa con la red viaria y con los servicios municipales de un pueblo de costa, que debe prestar servicio en agosto, cuando la población se multiplica por 10 o por 20. Esto obliga a sobredimensionar las infraestructuras para poder servir las puntas, con el consiguiente sobrecoste de inversión y mantenimiento. Con las redes de transporte y distribución eléctrica ocurre lo mismo, también con la generación. Hay que tener potencia disponible para poder servir las puntas. Con datos de Red Eléctrica sabemos que en España hay, a fecha de abril de 2023, 119,77 GW instalados que producen unos 700 GWh/día de electricidad. Esta potencia instalada es muy superior a la punta, a la que nunca nos hemos enfrentado (que fue el minuto 18:05 del 17 de diciembre de 2007, con un valor de 45,45 GW). Es decir, tenemos un parque con una potencia un 38% superior a la punta máxima que nunca hemos vivido. Y es normal que sea así, porque la demanda está donde está y siempre hay que tener más centrales de lo necesario, ya que una central en Pontevedra no puede servir energía en Cádiz y porque siempre debemos tener potencia disponible para servir cualquier punta de demanda imprevista.

Tipos de almacenaje de energía

Con el almacenaje podemos reducir la necesidad de implantación de renovable, ya que podemos gestionar mejor la disponibilidad del recurso natural necesario para producir electricidad y la demanda de electricidad que tenemos los usuarios cada instante.

Diferenciamos acumulación diaria (almacenaje durante el día para tener disponibilidad de electricidad por la noche) y acumulación estacional (reserva de energía de estación de verano a invierno).

Hay tres tipos de almacenajes estacionales: el hidráulico (reversibles de bombeo), el electroquímico (gigafactorías) y el térmico (acumulación térmica e hidrógeno).

El hidrógeno se obtiene facturando la molécula de metano (CH_4) o la de agua (H_2O) por electrólisis. Así, clasificamos el hidrógeno según:

- marrón: proviene de la gasificación del carbón y en su proceso se emite CO_2 (ver capítulo de la Energía de la materia orgánica).

- gris: proviene de la molécula del metano y en su proceso emite CO_2.

- azul: proviene del metano o del carbón, pero se captura el CO_2 emitido evitando emisiones a la atmósfera asociadas a la producción.

- rosa: proviene de la electrólisis del agua usando electricidad de origen nuclear.

- verde: proviene de la electrólisis del agua usando electricidad de origen renovable.

Adicionalmente al almacenaje, hay que hacer mención especial al mecanismo de la gestión de la demanda. Cuando hablamos de gestión de la demanda nos referimos al desplazamiento de los consumos a horas en las que el precio es más bajo, que debemos suponer que es cuando hay excedente de electricidad. Así, se aplana la curva de demanda equilibrando puntas de consumo con valles de consumo. Este es el mecanismo para optimizar la demanda y, consecuentemente, las infraestructuras eléctricas.

Capítulo 5

Los obstáculos en la implementación de las renovables

«El progreso se evapora y deja atrás una estela de burocracia»
Franz Kafka (1883 - 1924)

Cualquier cambio, y más si debe ser disruptivo como el que se plantea, es difícil de implantar. Este sentimiento de urgencia, esta necesidad de implantar las energías renovables al por mayor, responde simplemente al hecho de que llevamos muchos años sin hacer los deberes. Somos, especialmente los que vivimos en el hemisferio norte, una sociedad acomodada e infantilizada que no acepta fácilmente esfuerzos ni sacrificios. Son sacrificios que debemos asumir porque, como decíamos, no hemos sido diligentes a la hora de escuchar los avisos del ámbito científico: nuestras emisiones de gases de efecto invernadero están provocando cambios climáticos acelerados que el propio planeta no puede corregir con suficiente celeridad. La temperatura del planeta siempre ha ido cambiando. Conocemos ciclos de glaciación y de más temperatura. Sin embargo, siempre han sido cambios lentos que han permitido una adaptación. Un gran cambio repentino fue precisamente el que provocó la extinción de los sauros durante el Cretáceo —hace casi 70 millones de años— cuando, ya sea por el impacto de un meteorito o por una actividad volcánica inusual que provocó una cobertura de la atmósfera, el hecho es que este cambio acelerado de las condiciones climáticas llevó a su extinción. El problema de un sistema en equilibrio inestable es que cuando lo desestabilizas no sabes dónde puedes acabar. Ahora estamos en una situación de desestabilización completa del equilibrio climático al que hemos llegado bruscamente, y sabemos que el gran culpable es el uso que hacemos de la energía que usamos de forma desenfrenada. Revertir la situación exige hacer cambios, pero como hemos sido perezosos, ahora tenemos que correr. No hay alternativa. Correr significa reducir drásticamente el uso de energía y desfosilizar rápidamente la que usamos. Es decir, hay que apostar por la renovable con decisión y compromiso. Es lo que llamamos hacer la transición energética.

El impacto de esta transición energética es enorme en términos económicos, sociales y ambientales. Una de las bondades de las energías renovables es que se trata de tecnologías reversibles. Si algún día disponemos de la energía de fusión (la que produce el Sol), el proyecto del Tokamak en el ITER (Caradache, Francia) tiene éxito y, por lo tanto, nos podemos alimentar de una electricidad creada de este modo, podremos retirar las plantas renovables. Esto no sería posible, por ejemplo, en el caso de las centrales nucleares. Una vez apagada, la central nuclear de fisión se puede desmontar parcialmente, pero el núcleo del reactor queda confinado en el territorio por un período de 1.000 años, hasta que la reacción se apaga completamente, del mismo modo que los residuos subterráneos. Ahora imagínense encontrar un pergamino del año 1000 que nos dice: «cuidado, aquí hay una sustancia muy peligrosa, no abran la puerta». Esto es lo que dejamos a las generaciones de aquí 1.000 años. La renovable, por el contrario, se puede desmontar completamente. Es posible que no quede ni rastro. Por eso, mientras avanza el proyecto de fusión nuclear —este primer piloto a escala mundial de Caradache, a fecha de hoy, está al 77% de su construcción—, debemos apostar por la renovable.

La renovable significa tres hechos:

Convertirse en un país autosuficiente que implica asegurar el suministro y unos precios estables y asequibles para todos los usuarios de energía.
Internalizar los impactos ambientales que, con poca preocupación y total deslealtad como sociedad, provocamos ahora en el resto del mundo (pozos de petróleo, yacimientos de gas, minas de uranio...).
Participar en la transición energética y evitar que

nos pase por encima. Porque la transición energética la haremos sí o sí y, por lo tanto, es mejor
sacarle provecho como país, desarrollando tecnología propia, formándonos y generando un ámbito
propicio a la innovación y al conocimiento sobre
estas tecnologías.

Sin embargo, son muchas las barreras que limitan las
energías renovables:

En primer lugar, aunque no es lo más relevante,
una desconfianza de la ciudadanía de seguir con
el modelo actual de cadena energética: produc-
ción-transporte-distribución-consumidor en la
que se sustituye la generación convencional (ba-
sada en gas y nuclear) para grandes parques eólicos o fotovoltaicos. Este es un hecho que hay que
ponderar. Se necesitará capital privado, porque no
hay administración capaz de hacer frente a tanta
inversión en producción renovable. La inversión
en renovables en España según el PNIEC debe ser,
de aquí a 2030, aproximadamente de 100.000 M€
si es que realmente queremos implantar el total de
152.942 MW de potencia en eólica, hidráulica y
fotovoltaica —que nos dice la última versión del
PNIEC que España ha presentado a Europa. Según
BloombergNEF, la inversión en renovables en todo
el mundo tendrá que ser de aquí a 2050 del orden
de 116 billones de euros si queremos cumplir el
objetivo de renovable que nos marca la Agencia

Internacional de la Energía, un objetivo que responde al reto de hacer frente al cambio climático según la hoja de ruta de París.

En segundo lugar, encontramos la preocupación por la fauna afectada por la instalación renovable. Todo gran proyecto merece un estudio de impacto ambiental y una aprobación por parte de la administración de la declaración de impacto ambiental (abreviada como DIA). Es posible que el proyecto pueda causar problemas a una pareja de águilas perdiceras o de quiróptero (en el caso de la eólica) o a un aguilucho cenizo (en el caso de la fotovoltaica) al que se le limita el espacio para anidar. Es en este punto que el promotor debe aportar soluciones y mecanismos correctivos. A pesar de estos inconvenientes que puede haber y aunque pueda ser discutible si realmente son tantos o no, hay que plantearse dos factores: 1) si la instalación renovable es realmente tan peligrosa o lo es más en términos relativos y absolutos la red viaria o ferroviaria o las mismas edificaciones vidriadas que estamos construyendo, donde más a menudo de lo que se puede pensar, se estrellan pájaros y 2) debemos preguntarnos qué pasa si no instalamos la renovable. Entendiendo que la energía renovable es la herramienta para evitar el cambio climático y la no renovable significa seguir igual y, así, avanzar hacia escenarios de aumento de temperatura media de hasta 3 °C en 80 años. No podemos sacrificar la especie para proteger al individuo.

En tercer lugar, está el impacto paisajístico. Ciertamente, asumir el cambio de la percepción visual que tenemos del entorno no es fácil, pero habrá que asumirlo. Y es que de todos, podemos pensar que el impacto visual es el menor de los impactos, considerando que la renovable es una tecnología reversible. Asimismo, no es leal ni ético pensar que, como no podemos ver el impacto ambiental, este no exista. En 2020 en Europa necesitamos casi 78 EJ de energía primaria y solo un 11% fue de origen renovable. Estas fuentes de energía entrantes vía barcos metaneros a través de los puertos europeos, o por oleoductos y gasoductos que vienen del este de Europa o del Magreb, o del uranio que llega en tren principalmente de Rusia, producen un impacto ambiental altísimo en los países en los que se extrae el gas, petróleo o uranio. No nos podemos desentender.

En cuarto lugar, está la barrera que supone la inestabilidad jurídica en la energía renovable. La política energética estatal no se caracteriza por su estabilidad. Y si hay un tema que merece tanta estabilidad jurídica como el educativo y el sanitario es el de la energía, ya que requiere grandes inversiones que se recuperan en décadas. Nadie invertirá en un Estado donde cada dos por tres cambia una ley sustancial relativa a su regulación y, especialmente, la que hace referencia a la retribución que percibe la producción renovable cuando vierte energía en la red eléctrica. A saber, en los últimos 40 años, más de 25 leyes han modificado sustancialmente el marco regulador de la renovable y a menudo se trataba de modificaciones contradictorias.

En quinto lugar, está la confusión sobre las zonas antropizadas. Ciertamente, todo el mundo entiende que pueda ser mejor instalar placas al lado de los viales, en los edificios o en las zonas industriales que en el medio de la naturaleza. Pero este argumento es falso, porque se dice a menudo que es mejor instalarlas en una zona antropizada que en una no antropizada, incluyendo en este último conjunto todo el ámbito agrícola. Y nos preguntamos: ¿qué es un regadío sino una zona altamente antropizada? Si ponemos números de superficie ocupada por cada 1 MW fotovoltaico, necesitamos entre 1,3 y 2 Ha de suelo dependiendo de la disposición de las placas en el suelo. Según un estudio de la revista Renewable and Sustainable Energy Reviews de octubre de 2019, considerando todas las azoteas del Estado, se calcula que se podrían instalar hasta 61.215 MW. Esto representa que se podría cubrir hasta un 26% de todas las necesidades eléctricas que se prevén para el futuro. El resto, este 72% restante de electricidad, si realmente queremos hacer transición, tendremos que generarlo necesariamente con instalaciones situadas en campos, montañas y en el mar.

En sexto lugar está la economía local en peligro. Desde hace ya bastantes años, en el Estado español, la superficie de conreo se ha visto reducida por abandonamiento. El Fondo Español de Garantía Agraria (FEGA) cifra la superficie arable no aprovechada en 2,23 millones de hectáreas. Esto significa que de aquí a 2030 un 10% de las tierras que se cultivan hoy se perderán. Este abandono del campo no ha sido causado por la energía renovable, dado que el crecimiento de la renovable se concentra en los últimos 5 años y en Cataluña ya llevamos 14 años con los 3.500 MW de siempre. La contraposición entre el mundo agrario, el pesquero, el turístico y las renovables es, de hecho, un debate economicista entre los modelos económicos establecidos y los nuevos que vienen. No se resiente la economía local entendida como PIB que genera la comarca, sino los vecinos, que ahora desarrollan una actividad económica y la ven en peligro. Por eso se habla del hecho de que la transición energética debe ser justa. No es una cosa fácil, porque la reconversión de actividades, por mucho que se pueda hablar de nuevos puestos de trabajo, dejará gente fuera, porque la calificación formativa para hacer una u otra actividad no es la misma.

En séptimo lugar está el reciclaje y la limitación de materiales y tierras raras. El tema del reciclaje es controvertido, pero es básicamente un tema pernicioso de entrada. Es un relato que hay quien dice que ha introducido el sector del *business as usual* para poner palos a la transición energética. El reciclaje es posible igual que en una lavadora o una nevera. No dejaremos de tener nevera por el hecho de que, al inicio, las neveras no se reciclaban. Ya se regulará y se solucionará. El que traiga nuevas placas fotovoltaicas se llevará las viejas para tratarlas convenientemente. La legislación sobre residuos es estricta. El tema de los materiales también es un relato para asustar. Efectivamente, el material es escaso porque no se ha hecho prospectiva, dado que hasta ahora no era necesaria más producción de materia prima que la que se venía consumiendo para producir placas. El petróleo, al principio, era escaso porque no se había hecho prospectiva para encontrarlo. La exigencia del mercado aumentará la búsqueda del mineral y, además, se reciclará si nos encontramos en la situación de que la materia prima sea escasa. El mercado pagará, si es necesario, el sobrecoste de la recuperación de materiales. Un tema importante a considerar es que actualmente todas las placas fotovoltaicas sea desde el material hasta el ensamblaje, se producen en China, cosa que hace que el resto del mundo sea completamente dependiente de las decisiones que toma el Estado chino. Vista la situación, Europa está trabajando en estrategias de internalización de la producción y fabricación propia de chips para revertir la situación y ser más resilientes.

En octavo lugar está el relato de que la transición la pueden hacer otros y a nosotros ya nos alimentarán con líneas de muy alta tensión (MAT) que nos traerán electricidad. La MAT es la infraestructura que aporta menos valor al territorio. Son líneas de muy alta tensión de 220 kV o 400 kV que transportan energía de un punto a otro. De un lugar de producción a una subestación eléctrica donde abocan la energía que llevan. Cada línea de 400 kV aporta 1.000 MW de capacidad. Para entendernos, lo mismo que una nuclear. Tener torres de más de 60 metros de altura y brazos que hacen más de 30 de punta a punta tiene un impacto visual. También lo tienen los molinos y las placas, pero al menos dejan una rentabilidad en el territorio y generan riqueza. Un parque de 30 MW deja un impuesto sobre construcciones, instalaciones y obras (ICIO) de unos 2 M€ y una renta anual vía impuestos de bienes inmuebles de características especiales (BICE) de unos 150.000 € al municipio durante 30 años. Sí, la transición se puede hacer en otros territorios, pero entonces no tendremos ninguna autonomía energética ni ningún beneficio económico para el territorio, solo autopistas energéticas. Además, en un escenario probable de zonificación de mercados, no disponer de energía renovable nos puede dejar con precios más altos porque el transporte de energía entre dos mercados zonales diferentes tendrá que pagarse. Ahora, en el Estado español tenemos un mercado eléctrico único. En una hora determinada, el kWh eléctrico vale lo mismo independientemente de dónde se haya producido y dónde se consuma. Hay un solo mercado mayorista (*spot*) regulado por el Operador del mercado (OMIE). Aun así, Europa se está planteando crear diversos mercados como pasa en California o en Chile, donde hay tres mercados eléctricos que cubren áreas geográficas diferentes (norte, centro y sur) y tienen precios diferentes. Esto puede beneficiar a quienes tienen producción renovable cerca, respecto a quien no la tiene. Recordemos que, en un futuro no muy lejano, siempre será generación renovable y la convencional se irá cerrando por lo que hay que invertir en nuevas plantas renovables y no confiarse con que dispongamos de centrales convencionales.

En noveno lugar, tenemos el relato de que la renovable consume más energía que la que generará en toda su vida. Esto se mide con un indicador que llamamos Tiempo de amortización energético. Este relato es falaz, ya que, por ejemplo, la fotovoltaica solo dedica el 5% de su producción total a lo largo de su vida útil para cubrir lo que se ha consumido al producirla. Ciertamente, la primera celda fotovoltaica en los años 60 requería más energía al fabricarse que la que producía. Tanto la mejora tecnológica en la fabricación de la celda de silicio como la elevada eficiencia de generación y el alargamiento de la vida útil de la placa han reducido en un 82% el tiempo que requiere la fotovoltaica para producir la energía necesaria para su fabricación.

Y la décima y última gran barrera de la renovable es el más peligroso de todos los problemas y que ya hemos apuntado: una sociedad acomodada y que no pondera los riesgos que se le presentan. Una sociedad que no quiere asumir el reto porque no se ha planteado que pueda haberlo y que, mientras apriete el interruptor y se encienda la luz, aquí no pasa nada. Una sociedad que mira al Estado y espera que le solucione el problema. Quizás no le falta razón, dado que paga impuestos y lo mínimo que se espera es que quien lidera la política nacional actúe. Y es cierto, el que lidera lo hará, pero si no nos gusta, como pagamos impuestos, también tenemos derecho a quejarnos de la solución que se nos plantea. En definitiva, es un pez que se muerde la cola y del cual no saldremos.

A pesar de todo, para tener a todo el mundo contento hemos convertido la tramitación administrativa de los proyectos renovables, tanto grandes como pequeños, en un calvario burocrático cuyo resultado es que, al final, no se hace nada.

Según la Agencia Internacional de la Energía (IEA), los riesgos principales para implantar renovable se sitúan de mayor a menor: en el riesgo de inseguridad jurídica, riesgo político, riesgo de aceptación por parte de los ciudadanos y riesgos relativos a la ubicación.

Y es que esto de la renovable no es más que la constatación de aquella anécdota —evidentemente, explicada por un ingeniero y, por lo tanto, un poco tendenciosa— en la que primero vienen los ingenieros a desarrollar la tecnología, con la vocación de aportar soluciones y facilitar la vida de las personas, después vienen los abogados a poner reglas para que la gente no se pelee en la implantación de la tecnología, a continuación vienen los financieros a explicar quién pondrá el dinero, quién se lo devolverá y en cuánto tiempo y, finalmente, viene el que gobierna, nervioso por la presión de las plataformas *anti*, a explicar que si el proyecto no da votos en 3 años, no se puede hacer porque él responde a la lógica política, que es, de las cuatro lógicas —la política, la técnica, la económica y la socioambiental—, la más ilógica de todas. Y, al final, no se acaba haciendo mucho.

Capítulo 6

Las palancas de la renovable: política energética y fomento de las energías renovables

«Los hombres construimos demasiados muros y no suficientes puentes»
Isaac Newton (1643 - 1727)

Toda revolución industrial viene precedida por un cambio tecnológico y, de hecho, energético. La primera revolución industrial, iniciada en Inglaterra a mediados del siglo XVIII, vino por la reconversión del uso de la fuerza humana y animal al uso del vapor. Se visibilizó con la patente de la máquina de vapor de Watt en 1781. Este cambio provocó el crecimiento del PIB y la creación de una sociedad que pasó de ser eminentemente agrícola a industrial. La segunda revolución la llevó el paso del vapor a la electricidad a mediados del siglo XIX. La tercera revolución es un concepto que gira alrededor de las renovables y su potencialidad para cambiar nuestra manera de vivir y usar la energía. Finalmente, la cuarta revolución nos habla de los cambios que está conllevando la digitalización total.

Está bastante aceptado que la reconversión de las fuentes fósiles a las renovables es lo que da nombre a una revolución (la tercera), que comienza en el entorno industrial y se va socializando de modo que hoy los ciudadanos podemos ser *prosumers*, es decir, la fusión entre ser los mismos productores de electricidad y sus consumidores. Esto es, en definitiva, el eslabón que necesitábamos para el apoderamiento que requerimos para decidir cuándo, cómo y a qué precio queremos consumir la energía que necesitamos.

Para promover este cambio, ahora acelerado por el conflicto bélico en Ucrania, que obliga a dotar Europa de más soberanía energética y de recursos para desarrollar tecnología, los estados han diseñado diversas estrategias:

Las subvenciones y ayudas al consumo: ayuda destinada a que las personas físicas y jurídicas adquiramos tecnología renovable. Normalmente la inversión es abordada por el usuario, pero posteriormente la administración abona una parte. Aquí juegan diversas administraciones: unas aportando a) ayuda a la inversión, otras, b) bonificaciones fiscales que, de hecho, conllevan una reducción de ingresos para las arcas públicas.

a) Una tiene la ventaja de que la administración la va otorgando hasta que se agota la bolsa de ayuda, pero es difícil —administrativamente— de tramitar y justificar. Según cuál sea la administración concedente de la ayuda, una parte se recuperará vía impuesto IVA o IRPF. De cada 100€ otorgados, la administración central puede llegar a recuperar, entre IVA (por la compra del activo renovable) e IRPF, un 40% o un 50% de lo otorgado.

b) El otro tipo de ayuda es directa, porque, una vez solicitada, la administración reduce el impuesto que te factura. Conlleva un alto riesgo para la administración, ya que todos se pueden ir acogiendo (siempre que se cumplan los requisitos) y, por lo tanto, es una reducción de ingresos poco previsible de las arcas públicas y que será continua hasta que se apruebe la nueva legislación fiscal.

La otra gran herramienta, dirigida a los inversores, especialmente a los internacionales, que acostumbran a ser muy desconfiados en relación con las políticas energéticas de los estados, es establecer una política clara y sobre todo estable de fomento de las renovables. El inversor no necesita facilidades económicas ni ayudas, necesita sobre todo un marco legal estable que garantice una retribución razonable a su inversión. En ningún caso se pueden admitir cambios legislativos que afecten a la retribución de la inversión, y menos con carácter

retroactivo, que varíen las expectativas de nego-
cio del inversor. Es aún peor que el riesgo de la
demanda patrimonial que pueda interponer el
promotor renovable contra la administración, la
generación de desconfianza que se crea y que, seguro, será una barrera para futuras inversiones.
Así, es una evidencia la necesidad de un marco
regulador invariable a años vista.

El otro gran aspecto favorecedor de la renovable
es la evolución tecnológica en sí misma, que mejora rendimientos y reduce costes y, por lo tanto,
precios de adquisición por parte del inversor. Tra-
dicionalmente, la banca de inversión y gestión de
activos Lazard, ltd. emite informes relativos a la
evolución del coste de producción de electricidad
con cada tecnología. Conocido como el coste ni-
velado de la energía (en inglés *Levelized Cost of
Energy*: LCOE), sirve para saber el coste €/kWh
para cada tipo de tecnología de generación. Contempla todos los costes de la tecnología, desde la
fabricación hasta el mantenimiento, es decir, todo
el ciclo de vida. Es una herramienta extraordinariamente útil que permite a los inversores comparar inversiones en diferentes tecnologías, y a los
planificadores, basándose en ello, hacer escenarios
de posibilidad de implantación de una u otra tecnología. Siguiendo los informes publicados a lo
largo de los años, se puede visibilizar cómo abso-
lutamente todas las tecnologías renovables han ido
decreciendo de precio y, por contra, cómo las fó-

siles y especialmente la nuclear se mantienen con costes como mínimo iguales, sino superiores.

Finalmente, la herramienta definitiva para implementar la renovable es el cambio de paradigma social. Tenemos que ser una sociedad comprometida con la lucha contra el cambio climático, que desea un progreso social y que pondera el equilibrio necesario entre la protección global y la conservación del entorno.

Un reto apasionante para la sociedad, que interpela a tecnólogos, legisladores, financiadores y políticos.

Lecturas recomendadas

Salat, S. (2022). *Diccionari de la transició energètica.* Mataró: Clipmèdia edicions.

Vila, J. (2022). *Economia en el canvi climàtic.* Besalú: Icària editorial.

Corominas, J. (2019). *Ecotècnia SCCL: èxit empresarial o fracàs cooperatiu?.* Editorial Octaedro.

Ashrae. (2007). *Pocket Guide for air Conditioning, Heating, Ventilation and Refrigeration* (SI Edition), Ashrae Editorial.

Carrier Air Conditioning Company (2009). *Handbook of air Conditioning System Design.* Editorial Mac Graw Hill, NY.

Asociación de fabricantes de equipos de climatización (AFEC), (2015). *La bomba de calor. Fundamentos, tecnologia y casos prácticos.*

Àrea de Medi Ambient, Agència Local d'energia de Barcelona, (2011). *Guia bàsica d'eficiència energètica en edificis municipals.* Àrea de Medi Ambient i Serveis Urbans

Institut Català d'Energia de la Generalitat de Catalunya (ICAEN), (2011). *Instal·lació de calderes de biomassa en edificis.* Col·lecció Quadern pràctic número 5.

Ministerio de Transición ecològica y reto demográfico, (Revisió 2023). *Plan Nacional Integrado de Energía y Clima (PNIEC) 2021-2030.*

Institut Català d'Energia (ICAEN), (2023). *Prospectiva energètica de Catalunya 2050. PROENCAT 2050.*

Institut Català d'Energia (ICAEN), (2001). *Atlas de radiació solar a Catalunya.*

Institut Català d'Energia (ICAEN), (2001). *Pla de parcs eòlics de Catalunya. Resultats de mesurament de vent.*

Institut Català d'Energia (ICAEN), (2009). *Energia solar tèrmica. Col·lecció Quadern pràctic número 3.*

Institut Català d'Energia (ICAEN), ed 2a, (2020). *Energia solar fotovoltaica. Col·lecció Quadern pràctic número 4.*

Institut Català d'Energia (ICAEN), (2011). *Instal·lació de calderes de biomassa en edificis. Col·lecció Quadern pràctic número 5.*

Institut Català d'Energia (ICAEN), (1997). *Dossiers tecnològics. Les Energies Renovables a Catalunya.*

Institut Català d'Energia (ICAEN), (2020). *Treballs tècnics relatius al potencial de les bombes de calor aerotèrmiques d'alta eficiència energètica per a climatització i generació d'aigua calenta sanitària a Catalunya.*

Institut Català d'Energia (ICAEN), (1999). *Criteris de qualitat i disseny d'instal·lacions d'energia solar per a aigua calenta i calefacció.*

Instituto para la Diversificación y Ahorro de la Energía (IDAE). (Rev 2023). *Guía 5 pasos para autoconsumo en comunidades de propietarios.*

Instituto para la Diversificación y Ahorro de la Energía (IDAE), (2007). *Guía Rehabilitación Solar Térmica.*

Instituto para la Diversificación y Ahorro de la Energía (IDAE). *Biomasa gasificacion.*

Instituto para la Diversificación y Ahorro de la Energía (IDAE), (2007). *Energía biomasa.*

Instituto para la Diversificación y Ahorro de la Energía (IDAE), (2011). *Análisis del recurso. Atlas eólico España.*

Estudios demograficos y urbanos, (2017): *Trayectorias Socioeconómicas Compartidas (SSP): nuevas maneras de comprender el cambio climático y social.* Mèxic.

Críticas del libro

«Un libro necesario, claro y riguroso que nos acerca a conocer la bioenergía y el resto de energías renovables y que todos deberíamos leer.»
Jordi Serra, Presidente del Clúster de la bioenergía de Cataluña (CBC)

«Un manual básico para los que nos dedicamos al mundo de la energía sin ser ingenieros y para todas aquellas mentes curiosas que quieran aprender con rigor.»
Helen Badger. Codelegada Asociación Fotovoltaica Cataluña (UNEFCAT)

«Manel Torrent nos brinda llanamente adquirir el conocimiento suficiente para que cada uno construya su opinión.»
Salvador Salat. Codelegado Asociación Fotovoltaica Cataluña (UNEFCAT)

«Un libro al alcance de todos que explica de forma entendedora y rigurosa lo que hay que saber sobre la transición energética y las energías renovables.»
«Un libro que condensa muchos conocimientos, de forma muy entendedora, en solo 200 páginas.»
Victor Cusí. Presidente Asociación eólica de Cataluña (EOLICCAT)

«Un libro imprescindible para entender los cimientos, las potencialidades y los retos de la energía, y en especial sus fuentes renovables (y razonables). De fácil lectura y comprensión, sin perder la rigurosidad científica de la materia, nos adentra en una comprensión general sobre las tecnologías clave de la transición energética, con sus límites, retos y combinaciones posibles, sin dejar de advertir de los elementos adicionales que deben acompañar esta transición: sociales, legislativos, políticos y de inversión.»

Narcís Armengol. Decano del colegio de ingenieros industriales de Cataluña

«Las energías renovables: una propuesta rigurosa para comprender la tecnología que hay detrás de la transición energética, sus oportunidades y obstáculos. Con una llamada final a tecnólogos, legisladores, financiadores y políticos para pasar a la acción.»

Maria Salamero. Presidenta de la Asociación de ingenieros industriales de Cataluña

«Un libro necesario en el momento de transición energética en el que nos encontramos. Necesitamos visiones transversales y tecnificadas para poder ir de lo general a lo concreto y, así, poder escoger la energía renovable que más se adecúa a nuestras necesidades.»

Esther Izquierdo. Expresidenta Clúster de energía de Cataluña (CEEC)

«Aviso para negacionistas del cambio climático: el contenido de este libro es altamente transformador. Puede convertir a un humano en un entendido en energías renovables y conectarlo con la conciencia colectiva de los que quieren cambiar positivamente el mundo. Quedáis advertidos.»

Pilar Calvo, periodista y diputada del Congreso español adscrita Comisión de Transición Ecológica y Reto Demográfico

«Un libro imprescindible para poner precisión en los conceptos, la terminología y la grafía. Para que la sociedad avance en el debate energético se necesitan libros que ayuden a entender las cosas con exactitud y eso es lo que hace este libro.»

Joan Vila, expresidente comisión de energía PIMEC, empresario sector papelero y colaborador regular en el diario de Girona

Títulos de la colección *Una Inmersión Rápida:*